AF343986

RECUEIL

DE QUELQUES
PIECES CURIEUSES
CONCERNANT
LA PHILOSOPHIE
DE MONSIEUR
DESCARTES.

A AMSTERDAM,

Chez Henry Desbordes, dans le
Kalver-Straat, prés le Dam.

M. DC. LXXXIV.

AVIS AU LECTEUR.

ON donne ici un Recueil de quelques Pieces, qui meritoient bien ne pas demeurer enfevelies dans l'obfcurité, où on les a laiffées jufqu'à prefent. La plûpart ont été déja imprimées, mais de telle forte qu'elles n'ont prefque pas vû le jour, tant on a redouté le credit de ceux qui pouvoient s'en fcandalifer. Un de nos Poëtes remarque tres-ingenieufement, qu'il y a des Ouvrages qui ne deviennent point publics, quoy qu'ils foient expofez en vente,
Le Jonas imprimé n'a point vû la lumiere.

Il eft arrivé à ceux-ci la même chofe qu'à ce Jonas, quoy que par une differente raifon, car s'ils font demeurez cachez, on peut dire que ce n'eft que propter metum Judæorum.

Ce feroit un grand malheur pour
* 2   toute

toute la Republique des Lettres si on étoit par tout aussi formaliste & aussi pointilleux à l'égard de l'impression des Livres, qu'on l'est en France depuis quelque temps, où l'Inquisition qui s'y établit à grands pas, empêche de paroître plusieurs beaux Ouvrages, & rebute les plus celebres Auteurs. Et qui ne seroit rebuté de voir que ceux qui sont établis pour l'approbation des Livres, gardent un Manuscrit des trois ou quatre ans sans y regarder, & qu'ils en desapprouvent tout ce qui sent une ame élevée au dessus de la servitude, & des opinions populaires ? Quelle mortification pour un Auteur, qui ne trouve jamais que les presses roulent assez vite sur ses Ouvrages, de voir qu'aprés un delay de trois ou quatre ans, on luy ordonne de supprimer ce qu'il estime le plus dans ses Ecrits, s'il n'aime mieux les voir condamnez à une éternelle prison, par le refus qu'on luy fera d'un Privilege du Roy ! Mon-

AU LECTEUR.

Monsieur le Févre Docteur en Theologie de la Faculté de Paris n'a pû s'empêcher de se plaindre de cette dure servitude, & de ce qu'on n'accorde promptement des Approbations & des Privileges, qu'à certains Livres de menuë devotion, & generalement à tous ceux qui vont selon le Tran Tran du petit monde. C'est dans une Lettre qu'il écrivit à Monsieur Arnaud au mois de Juillet dernier, & qu'il a renduë publique, qu'il fait cette judicieuse remarque ; faisant connoître de plus, que son Manuscrit ne traîne si long-temps entre les mains des Censeurs de Livres, que parce qu'il accuse Monsieur Arnaud, d'avoir imputé aux Calvinistes des choses qu'ils ne croyent pas sur le sujet de la Justification. Cette bonne foy qui est d'une ame genereuse ne plaît pas, parce qu'on prévoit que les Protestans de France s'en prévaudront ; ainsi on n'ose plus dire les veritez

* 3

que

que l'on découvre, à moins qu'elles ne soient de la portée des esprits vulgaires.

Pour ceux qui se hasardent de faire imprimer quelque chose en ce païs-là sans Privilege du Roy ; ils se cachent si exactement, & ils distribuent leur Livre avec tant de précautions, & à si peu de personnes, que c'est presque la même chose que si on ne l'imprimoit pas. Encore un coup, c'est dommage que la France qui pourroit si fort contribuer aux progrés des belles Lettres, & à l'éclaircissement de la verité, tienne une conduite qui décourage les grands Hommes, & qui laisse les presses en proye aux petits Auteurs. Encore si on avoit la même severité pour les Romans, & pour les Ouvrages de galanterie, qui ne peuvent que corrompre les bonnes mœurs des jeunes gens, pourroit-on se consoler, mais on n'en veut qu'aux bons Livres, qui se donnent la liberté d'exami-

xaminer les opinions generalement
reçûes, qui sont bien souvent les plus
fausses.

Pour remedier à ce desordre, autant qu'il seroit possible, il faudroit
que tous les Curieux ramassassent
avec soin les Pieces qui ne se debi-
tent que sous le manteau, & qu'ils
les envoyassent en païs de liberté
pour les y rendre publiques. C'est ce
qu'on a fait à l'égard des cinq ou
six petits Ouvrages qui composent
ce Recueil.

Le premier est une espece de Concordat passé entre les Peres de l'O-
ratoire & les Jesuites, par lequel
ceux-là s'engagent à certaines manieres d'enseigner qui soient agreables à ceux-ci. Entre autres choses
ils s'engagent à renoncer à la Philosophie de Descartes, dont ils com-
mençoient à être les Partisans. Cela déplaisoit fort aux Jesuites, soit
qu'ils craignissent que les Colleges
de Philosophie où les Peres de l'O-

ratoire regenteroient n'attiraſſent toute la jeuneſſe, qui trouve cent fois plus de goût à la nouvelle Philoſophie qu'à la vieille, ſoit qu'ils craigniſſent que les principes de Deſcartes ne fiſſent bréche à la Religion. Il y avoit apparament de l'un & de l'autre dans leur crainte, mais beaucoup plus du premier que du dernier.

Le ſecond contient pluſieurs Reflexions ſur cette conduite des Peres de l'Oratoire. Je penſe qu'il n'a jamais été imprimé, l'Auteur dit franchement ſa penſée, & paroit fort habile homme.

Pour entendre mieux l'hiſtoire des autres Pieces, il faut ſçavoir qu'en l'année 1680. un Jeſuite de Caën nommé le Pere de Valois, ſe déguiſant ſous le nom feint de Louïs de la Ville, fit imprimer un Traité, qui s'intitule, Sentimens de Monſieur Deſcartes touchant l'eſſence & les proprietez du corps oppoſez à la Do-

Doctrine de l'Eglise , & conformes aux erreurs de Calvin sur le
sujet de l'Eucharistie. *Il le dédia
au Clergé de France, & exhorta
Messieurs les Prelats de remedier
promptement au grand mal dont
l'Eglise étoit menacée par les Cartesiens. Il les conjure au nom de toute la France de prononcer sentence
de condamnation contre le Cartesia-
nisme , & pour les y engager par
une raison qu'il sçavoit être toute
puissante sur leur esprit , il leur parla d'un Arrest du Conseil d'Etat qui
bannissoit de l'Université de Paris
la Philosophie de M. Descartes ,
& d'une Lettre de Cachet qui
avoit interdit un Professeur Cartesien. Ce Livre allarma toute la Se-
cte de ce Philosophe, M. Regis celebre Cartesien qui tenoit des Con-
ferences à Paris, fut obligé de les
rompre, & de joindre cette disgra-
ce à celle de n'avoir jamais pû obte-
nir un Privilege pour faire impri-*

* 5.

mer

mer un Cours de Philosophie qu'il avoit tout prêt depuis long-temps. Chacun craignoit de se voir obligé à la signature d'un Formulaire, ou d'être excommunié comme Heretique.

Sur cela M. Bernier si connu par ses Voyages, par l'estime que le celebre M. de Gassendi avoit pour luy, & par les témoignages publics qu'il a donnez de sa veneration & de sa reconnoissance pour un si grand Maître, craignant les malignes influences du zele de ces Messieurs, fit imprimer sourdement un petit Ecrit (c'est la troisiéme Piece de ce Recueil) dont il distribua quelques exemplaires en secret à ses amis, & même à quelques Prelats. Il consent qu'on fasse des Cartesiens tout ce qu'on voudra, & se declare fort vertement contre quelques-unes de leurs Doctrines, pour mieux faire sa paix, du reste ayant autant de raisons qu'eux de craindre qu'on ne

l'ac-

l'accusât d'heresie au sujet de la
Transsubstanciation, il fait ce qu'il
peut pour faire connoître son innocence.

On vit à la dérobée environ le
même temps quelques exemplaires
de la quatriéme Piece de ce Recueil.
De tous les Cartesiens que le Pere de
Valois avoit pris à partie dans son
Livre, il n'y en a point contre qui il
ait parû plus animé que contre le P.
M. si celebre & avec tant de raison par ses beaux Ouvrages de la
Recherche de la Verité. Le Jesuite fait tout ce qu'il peut pour faire
douter de l'Ortodoxie de cet Auteur ; ce qui étoit l'attaquer par
l'endroit le plus sensible, comme on
l'a pû connoître par un petit Ecrit
imprimé depuis deux ans où le P.
M. repousse avec beaucoup de moderation & de modestie les insultes
de son Adversaire. Mais laissant
à part cet Ecrit dont il n'est point
ici question, je reviens à l'autre,

&

& je dis qu'il fut d'autant plus suspect, & plus observé, qu'il explique l'Eucharistie Romaine, selon les Hypotheses de la nouvelle Philosophie, d'une maniere toute differente de celles qu'on avoit vûës ou dans les Ecrits de M. Descartes, ou dans ceux de M. Rohault, ou dans ceux du P. Maignan celebre Minime de Toulouse. Ainsi ce petit Ouvrage ne peut être que curieux, & digne de la lumiere publique qu'il n'a pû trouver en France.

M. de la Ville ne s'étant pas contenté de refuter par l'autorité des Conciles, l'opinion des nouveaux Philosophes touchant la nature du Corps, tâcha de la refuter aussi par les lumieres de la raison, & assurément il dit tout ce qui se peut dire de mieux pour montrer que l'étenduë n'est pas l'essence de la matiere. C'est sur cela qu'il fut entrepris par un Professeur en Philosophie dans l'Academie de Sedan, qui voulant fai-

re

AU LECTEUR.

re soûtenir des Theses raisonnées à
ses Ecoliers, prit pour son sujet le
Chapitre du Livre de M. de la Ville,
où il examinoit l'essence de la matiere par les seules lumieres de la
raison. On sçait bien que des Theses de Philosophie ne sont pas des
Ecrits qui aillent fort loin, c'est
pourquoy celles qui furent soûtenuës
à Sedan contre M. de la Ville étoient
aussi inconnuës du public, que si elles n'eussent jamais été imprimées.
On a crû les devoir joindre aux
deux autres Pieces qui furent faites contre le Livre de ce Jesuite,
& c'est la cinquiéme Piece de ce
Recueil.

Tout ce que je viens de dire est
assurément fort capable de préve-
nir les esprits en faveur de ce Li-
vre-ci, car on se préoccupe aisément
pour les Ouvrages difficiles à trouver, sur tout quand ils ne sont de-
venus rares, que parce qu'ils contiennent des paradoxes odieux à la
mul-

multitude. Mais j'oserois bien aſſûrer que ce n'eſt pas la principale
choſe qui doit rendre cet Ouvrage
conſiderable, il le doit être par une
raiſon incomparablement plus ſolide, ſçavoir parce qu'il fournit des
éclairciſſemens ſi importans pour
décider la celebre Controverſe de la
Réalité, qu'on peut dire que ſi les
hommes ſe ſervoient des lumieres
claires & diſtinctes de la raiſon
pour choiſir une opinion plûtôt qu'u-
ne autre, il n'en faudroit pas davantage pour convaincre tous les Catholiques Romains de leurs erreurs à
l'égard de l'Euchariſtie.

En voici la raiſon en deux mots:
Il eſt clair que le Concile de Trente
a décidé non ſeulement que le Corps
de Jeſus Chriſt eſt preſent par tout
où il y a des Hoſties conſacrées, mais
auſſi que toutes les parties de ſon
Corps ſont penetrées les unes avec
les autres. Il eſt clair par le Livre
de M. de la Ville que cette déciſion
eſt

AU LECTEUR.

est absolument incompatible avec la Doctrine qui pose que l'étenduë fait toute l'essence de la matiere. Il est clair par les éclaircissemens de M. Bernier, & du P. M. que la maniere dont ils expliquent la Trans-substanciation, n'est point celle qui est clairement contenuë dans les paroles-du Concile. Enfin il est clair par la Dissertation du Professeur de Sedan, qu'il est aussi impossible que la matiere soit penetrée, qu'il est impossible que deux choses soient égales lors que l'une est plus grande que l'autre. Donc il est clair que le Concile de Trente a décidé une fausseté quand il a parlé de la presence du Corps de nôtre Seigneur sur les Autels.

Aprés cela c'est en vain que l'on se tourmente pour refuter le sens de figure que nous donnons aux paroles Ceci est mon Corps, la plus grande grace que l'Eglise Romaine pourroit attendre de nous, c'est qu'a-

vant

vant d'exiger d'elle qu'elle aban-
donnât le sens litteral, nous luy don-
nassions le temps d'imaginer une
nouvelle maniere de presence réelle,
sous la promesse qu'elle nous feroit de
casser irrevocablement le Canon qui
a décidé que le Corps de Jesus Christ
a toutes ses parties penetrées les unes
avec les autres sous les especes du
pain & du vin. Mais comme jamais elle ne pourra renoncer à une
penetrabilité de matiere si clairement définie, pendant qu'elle se croira infaillible, nous n'avons qu'à luy
laisser entasser volumes sur volumes
pour prouver son sens litteral ; deux
pages nous suffiront pour la confon-
dre, dans lesquelles nous luy prou-
verons geometriquement, que comme il est impossible qu'il y ait de l'é-
galité entre un & rien, il est impossible qu'un corps soit dans quelque
lieu avec la penetration de ses parties.

Au reste, on se croit obligé de dire

re en publiant ces Ecrits, qu'on n'a
nullement en vûë d'aigrir les Catholiques Romains contre les Cartesiens de leur Communion, ni de
leur rendre suspecte la foy de ceux-
cy. On voudroit seulement leur faire connoître combien il importeroit
pour la paix de toute l'Eglise qu'ils
voulussent bien convenir que la maniere de la presence réelle décidée
dans le Concile de Trente est impossible, car en suite de cet aveu on
chercheroit une autre maniere de
réalité, dont les Calvinistes ne s'é-
loigneroient peut-être pas, & en
cela les Cartesiens pourroient être
d'un grand secours à toutes les Sectes du Christianisme, & quand ce
ne seroit que pour cela, l'Eglise Romaine doit les ménager. Les expressions fortes dont Calvin s'est servi
en parlant de la manducation du
Corps de nôtre Seigneur, témoignent
clairement qu'il n'eût point rompu
avec cette Eglise, si elle eût laissé le
dogme

dogme de la réalité dans une notion plus generale que celle où elle
l'a renferme, prétendant que c'est
une presence penetrée & transsub-
stanciée, & déterminant toutes les
suites de cette presence avec la derniere précision, ce qu'il ne faut jamais faire dans les choses myste-
rieuses, si on veut éviter les Schis-
mes.

La sixiéme & derniere piece de
ce Recueil ne parut que comme un
éclair à Paris l'an 1678. imprimée
à Cologne in 16. à ce qu'on disoit,
mais il y a apparence que ce fut à
Paris même qu'on l'imprima. Elle
est intitulée, Meditations sur la Metaphysique, par Guillaume Wander. C'est apparament un nom supposé, & c'est quelque François,
Disciple de l'Auteur de la Recherche de la Verité, qui s'est ainsi tra-
vesti en Alleman ou en Flaman pour
exciter moins de soupçons, & moins
de tempêtes. Le dix-septiéme Journal

nal des Sçavans de 1678. fit sçavoir
au public le titre de ce petit Ouvrage, & qu'il se trouvoit chez
Pralard (c'est celuy qui a imprimé
la Recherche de la Verité,) mais
cela ne servit de gueres aux Curieux,
car on fut bien-tôt privé de l'esperan-
ce de voir ces Meditations, par la
difficulté de les trouver chez les Li-
braires. Plusieurs crûrent que l'Auteur du Journal avoit annoncé un
Livre qui n'étoit pas encore imprimé,
comme il a fait à l'égard d'un Traité
d'Astronomie composé par une Sça-
vante Parisienne qui se nomme Mademoiselle Dumée. Il en a parlé au
long dans le 23. Journal de l'année
1680. sous le titre d'Entretiens sur
l'opinion de Copernic touchant la
mobilité de la Terre, & il a été
cause qu'une infinité de personnes ont
couru toutes les Boutiques des Li-
braires de Paris, demandant ce Li-
vre-là, & murmurant de ce qu'un
Ouvra-

Ouvrage qui devoit être public ne se trouvoit point. Monsieur l'Abbé de la Roque eût pû épargner toute cette peine aux Curieux, s'il eût fait sçavoir dans son Journal que Mademoiselle Dumée luy avoit bien communiqué son Manuscrit, mais que faute de Privilege, qu'on ne luy auroit pas refusé, si elle eût aussi mal employé son temps que la Dame de Ville Dieu. Ses Entretiens n'étoient pas sortis de dessous la presse. On crût qu'il avoit aussi parlé d'un Manuscrit quand il parla des Meditations de Guillaume Wander. La verité est pourtant qu'elles ont été imprimées, ce qui n'empêchant pas qu'elles ne soient aussi rares, qu'elles meritent d'être communes à cause des importantes veritez qu'elles contiennent, on a crû qu'il faloit les faire réimprimer. On y trouvera le précis de la plus belle Metaphysique, & tout ce qu'il y a de plus excellent dans les Meditations de

AU LECTEUR.

de Monſieur Deſcartes , avec cet
avantage , que tout eſt ici mieux di-
geré, plus court, plus moüelleux, &
qu'on eſt allé plus avant que Monſieur Deſcartes. La ſeule Meditation où on examine ce que c'eſt que
la liberté , eſt un Theme ſur lequel
les plus grands Theologiens devroient
exercer leur genie. Au lieu de ſe tant
chicaner ſur la nature du Franc-
Arbitre qu'ils ſuppoſent, ſans s'amuſer à le prouver , ils devroient premierement le bien prouver. La queſtion ſeroit plus importante & plus
profonde qu'ils ne penſent.

CON-

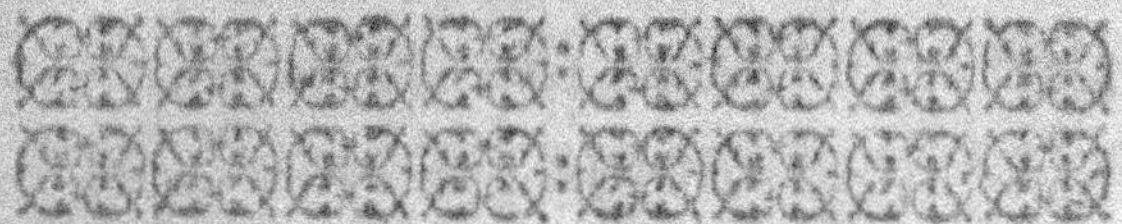

Concordat entre les Jesuites & les Peres de l'Oratoire.

Actes de la sixiéme Assemblée generale de la Congregation de Jesus Christ nôtre Seigneur, tenuë à Paris en la Maison de l'Oratoire, de la Ruë, & proche le Château du Louvre, en Septembre 1678.

Lettre écrite au Roy.

SIRE,

Au moment que nous avons formé nôtre Assemblée, aprés avoir levé les mains au Ciel, pour attirer le Saint Esprit, & formé

A des

des vœux pour la prosperité de l'Etat, & pour la conservation de vôtre Personne sacrée, nous avons crû nous devoir appliquer singulierement à suivre les intentions de V. M. en renouvellant le zele que nous avons toûjours eu pour la Doctrine de l'Eglise, & continuant à rejetter celle qui luy est opposée. Pour nous mieux conformer aux volontez de V. M. qui possede si dignement la qualité de Protecteur de cette Mere commune des fideles, nous avons été persuadez que le veritable interest de nôtre Congregation étoit d'inspirer cet esprit à tous les sujets qui la composent, afin d'en éloigner à jamais jusqu'à l'ombre des nouveautez, & nous rendre dignes des bontez, dont V. M. a bien voulu jusqu'ici honorer nôtre Congregation. Pour cet effet nous en avons dressé un Ecrit que nous avons mis entre les mains de M. l'Archevêque de

Paris,

Paris, qui dans cette occasion nous
a parlé comme un pere & comme
un ami , lors que nous avons eu
l'honneur de recevoir de sa part
les ordres de V. M. Nous luy pro-
testons , que les sujets que nôtre
Assemblée a choisis , pour en faire
des Assistans du P. General & les
Visiteursde toute la Congregation,
s'uniront parfaitement à luy , pour
empêcher qu'aucune personne du
Corps s'éloigne jamais des sentimens des Constitutions Apostoli-
ques , par lesquelles la Doctrine
de Jansenius a été si solemnelle-
ment condamnée , & dont V. M.
a autorisé l'execution d'une maniere si puissante & si religieuse ; que
si quelqu'un s'échapoit malgré le
soin qu'ils prendront , nous sup-
plions tres-humblement V. M. de
proteger les Superieurs pour les ai-
der à en faire une punition exem-
plaire ; puis que nous mettons toute nôtre gloire à demeurer invio-

A 2

lable-

lablement attachez à nos devoirs,
& que c'est par-là que nous voulons particulierement meriter la
qualité,

SIRE,

De vos tres-humbles tres-obeïs-
fans & tres-fideles sujets &
serviteurs les Prêtres de l'O-
ratoire assemblez à Paris.

Abel Louïs de Sainte Marthe
Prêtre de l'Oratoire.

De l'Orde de l'Assemblée, L.
Chancelier Secretaire.

Ecrit envoyé au Roy.

SElon les resolutions de nos As-
semblées, & sur tout selon le
statut de la cinquiéme renouvellé
dans la sixiéme, auquel l'Assemblée derniere a donné une nouvelle

le vigueur ; il sera libre à nos Theologiens de tenir & d'enseigner, soit
aux nôtres, soit aux externes dans
les Seminaires, dans les Colleges,
& dans les autres Maisons de la
Congregation, toutes les opinions
qui sont reçûës & librement ensei-
gnées dans l'Eglise sans qu'on puisse leur imposer aucune necessité de
s'attacher aux unes plûtôt qu'aux
autres. La Congregation ayant
toûjours fait gloire de se conformer entierement aux sentimens,
aux inclinations & à la conduite
de l'Eglise, qui est la colomne de
la verité, & l'Epouse de celuy qui
est la sagesse éternelle ; veut toûjours continuer de rejetter tout ce
qu'elle rejette ; & d'approuver tout
ce qu'elle approuve.

C'est comme elle en a usé au
temps de nôtre tres-honoré Pere
& Fondateur Monseigneur le Car-
dinal de Berulle, & de son tres-
digne Successeur le R. P. de Con-

dren ; c'est comme elle en a usé avant la naissance des dernieres contestations sur le Jansenisme ; c'est comme elle devoit necessairement en user, puisque les premiers membres qui l'ont composée étoient Docteurs de la Faculté de Theologie de Paris ; qui est la plus celebre qui soit dans le monde, qui a donné & qui donne tous les jours tant de saints & de sçavans Prelats à l'Eglise , & qui se maintient dans le comble de la gloire , & dans une concorde & une unité parfaite , par cette attache inviolable à tous les articles de foy que l'Eglise a définis , & par une entiere neutralité dans tous ceux qu'elle n'a point déterminez ; jugeant tres - sagement comme nous le jugeons aussi avec elle, qu'en cela il n'y a rien de contraire au profond respect & à la grande estime que tous les Theologiens doivent avoir pour la Doctrine de

de Saint Augustin & de Saint Thomas.

Ainsi il sera toûjours libre de
tenir & d'enseigner la predestination gratuite & la grace efficace par
elle-même ; mais en sorte qu'on
ait un soin tout particulier. 1. De
montrer que cette efficace n'impose point de necessité à la volonté, mais que lors qu'elle l'excite,
elle la laisse dans la puissance d'a-
gir, & de ne pas agir ; & cela a
toûjours été le sentiment de la
Congregation. 2. D'établir en
même temps des graces veritablement suffisantes qui donnent le
pouvoir d'accomplir les comman-
demens de Dieu, & qui demeurent inutiles lors que la volonté les
rejette & leur refuse son consentement, ce qui se doit entendre de
tout état.

Ceux qui suivront ces sentimens
regarderont avec estime & avec
respect ceux qui se seront attachez

 à

à des sentimens contraires , soit
dans la Congregation , soit dans
les autres Communautez , afin de
conserver la paix & la bonne intelligence avec tous les Theologiens Catholiques , afin d'imiter
autant qu'il nous sera possible l'é-
tenduë infinie de la charité de l'E-
glise , qui embrasse & qui réünit
dans son sein tant de membres differens. Et afin que la verité se découvre plus parfaitement à nous,
si nous allons à elle par les voyes
de l'humilité & de la charité. Les
mêmes raisons les obligent de se
défendre avec un soin tout particulier du Jansenisme condamné ou
desaprouvé par les Constitutions
des Souverains Pontifes , & de ne
jamais soûtenir aucune proposition
de Baius ; comme est celle qui regarde les actions des infideles &
autres.

Dans les Ecoles de Philosophie
les Professeurs en Logique ne doivent

vent point enseigner des opinions particulieres, comme sont celles-ci: *Deus aut veritas, aut voluntas est objectum Logicæ. Unum datur universale : Essentiæ sunt universales à parte rei. Extra Deum ab æterno una est tantum Categoria.* Sur les futurs contingens on laisse la liberté accordée par le statut de cette derniere Assemblée.

Dans la Morale les Philosophes doivent traiter des questions de Morale fort succinctement , & toûjours en Philosophes & non en Theologiens. Autrefois on n'employoit au traité de Morale que trois semaines ou un mois.

La question du desir naturel du bien & de la beatitude qui se rencontre dans tous les hommes, ne doit pas être expliquée de l'amour de Dieu déterminément, qui doit être vû d'une vision intuitive; mais de l'amour du bien en general , qui peut nous rendre heureux, comme

 l'enl'enseigne les Thomistes. Autrement il s'ensuivroit delà que tout le monde agiroit par charité, car tous desirent d'être heureux.

L'on peut agiter la question, si la beatitude formelle consiste dans la vision de Dieu, ou dans l'amour, ou dans l'écoulement de la Divinité dans la substance des bienheureux. Mais on ne doit pas traiter en Philosophie la question qui demande s'il y a une beatitude naturelle, de peur de s'engager à parler de l'etat de la nature pure & de celuy de l'innocence & du peché originel qui sont des matieres de Theologie.

L'on doit traiter la question des actions & des vertus humaines en Philosophie, comme a fait Aristote par rapport à leurs fins prochaines & à leurs circonstances, & non en Theologien par rapport à la fin derniere.

La question de la liberté doit être

être traitée fuccinctement & fans
parler des differens états de l'homme innocent, ou criminel, voyageur, ou bienheureux, & des matieres de la grace, que la Philofophie ne connoît point. Il faut en-
feigner que la liberté de l'homme
eft une puiffance élective, qui con-
fifte dans l'indifference, & non
feulement dans l'exemption de
contrainte que les Philofophes ap-
pellent *fpontaneité*.

L'on ne doit point abfolument
parler dans la Philofophie Morale
ni de l'état de la nature pure, ni
de la Politique, ni des loix des
Princes, ni de la Monarchie, ni
d'aucune chofe qui regarde l'Etat.

Dans la Phifique l'on ne doit
point s'éloigner de la Phifique ni
des principes de Phifique d'Ari-
ftote communement reçûs dans
les Colleges, pour s'attacher à
la Doctrine nouvelle de Monfieur
Defcartes, que le Roy a défen-

A 6

du

du qu'on enseignât pour de bonnes raisons.

L'on doit enseigner. 1. Que
l'extension actuelle & exterieure
n'est pas de l'essence de la matiere.
2. Qu'en chaque corps naturel il
y a une forme substancielle réellement distinguée de la matiere.
3. Qu'il y a des accidens réels &
absolus inherens à leurs sujets,
réellement distinguez de toute autre substance, & qui peuvent sur
naturellement être sans aucun sujet.
4. Que l'ame est réellement presente & unie à tout le corps, & à
toutes les parties du corps. 5. Que
la pensée & la connoissance n'est
pas de l'essence de l'ame raisonna-
ble. 6. Qu'il n'y a aucune repu-
gnance que Dieu puisse produire
plusieurs mondes à même temps.
7. Que le vuide n'est pas impossible.

Dans la Metaphisique aprés
avoir prouvé l'existence de Dieu,
l'on

l'on peut faire voir par des confequences neceffaires quels font fes
attributs, comment il faut les di-
vifer & les diftinguer, fans en traiter en particulier, ni paffer outre
dans les matieres de Theologie.

A. L. de Sainte Marthe.
L. Chancelier Secretaire.

Du Vendredi 23. Septembre
avant midy.

Seffion treiziéme.

LE R. P. General accompagné
des PP. Affiftans, des PP.
Vifiteurs, & Procureurs Gene-
raux nouvellement élûs, avant
l'ouverture de cette Seffion, ont
été s'acquitter de leur commiffion
auprés de M. l'Archevêque. Ils
ont été reçûs de fa Grandeur de la
maniere du monde la plus obli-
geante & la plus favorable. Le R.
P.

P. Generel luy a exprimé les sentimens de toute l'Assemblée, par un discours qui partoit du fond du cœur, & qui etoit plein d'une éloquence d'autant plus vive & plus touchante qu'elle étoit moins étudiée. De telle sorte que Monseigneur l'Archevêque a témoigné être tres-satisfait de nôtre conduite, & pleinement persuadé de nôtre profonde soûmission aux intentions du Roy, & de nôtre parfaite reconnoissance pour les insignes bontez de sa Grandeur.

Ce grand Prelat luy a repliqué avec une élevation d'esprit digne de luy, & avec une effusion de cœur qui s'est fait remarquer dans ses paroles. Il luy a dit qu'il avoit toûjours singulierement cheri & estimé la Congregation, qu'il la consideroit comme une des Compagnies de l'Eglise, la plus remplie de science, de zele & de pieté. Qu'il étoit ravi de voir la conduite

de

de toute l'Affemblée, & l'union
des efprits dans un même fentiment ; que n'y ayant pas été prefent de corps, il s'y étoit trouvé en
efprit, & qu'il pouvoit dire ce que
S. Auguftin avoit dit autrefois de
S. Cyprien au fujet du Concile de
Nicée. *Profecto ad fui per fpiritus
unitatem* ; qu'il avoit fouhaité dés
ce jour-là, comme il le fera à la
premiere occafion, pouvoir luy-
même entretenir le Roy de la maniere dont toutes les chofes fe font
paffées dans nôtre Affemblée, &
de nôtre parfaite conformité à la
Doctrine de l'Eglife & aux intentions de S. M. que ne pouvant plus
aller à Fontainebleau où eft le Roy,
il jugeoit à propos d'y envoyer
quelqu'un des nôtres qui eut vû
les chofes pour en faire le rapport
à S. M. qu'il avoit jetté les yeux fur
le P. de Saillant, qui luy prefen-
teroit avec la Lettre de l'Affemblée l'Ecrit que nous y avons joint,

qu'il

qu'il luy donneroit une Lettre
de créance pour demander au
Roy une audience favorable ; &
qu'enfin il vouloit se declarer
par tout nôtre Protecteur , &
particulierement auprés de sa Majesté.

Le Reverend Pere General
luy a rendu de tres - humbles
remercimens de tant de graces,
& s'étant mis à genoux avec tous
les Députez , il luy a deman-
dé sa benediction pour l'Assemblée & pour toute la Congregation.

Le rapport de toutes ces choses
fait, aprés la priere ordinaire dans
cette Session, a merveilleusement
consolé & réjoüi toute l'Assemblée ; qui a pressé le P. de Saillant
de partir incessamment pour aller
à Fontainebleau , luy témoignant
à même temps sa reconnoissance
pour tous les bons offices qu'il luy
a rendus auprés de Monseigneur
l'Ar-

l'Archevêque pour la consomma-
tion de cette affaire.

L. Chancelier Secretaire.

Collationné à l'Original le 13.
Mars 1679. par moy Prêtre & Secretaire de la Congregation.

BAHIER.

---

*Remarques sur le Concordat d'en-
tre les Jesuites & les Peres
de l'Oratoire.*

LA reputation des Jesuites diminuë tous les jours ici. Et on
peut dire qu'il n'y a jamais eu parmi eux moins de sujets distinguez
par la capacité & par le merite,
qu'il y en a presentement. Cependant leur credit ne diminuë point,
parce qu'il est fondé sur des choses
qui ne dépendent pas de l'opinion
du

du public, & le décri où ils sontpour
la corruption & le relâchement de
leurMorale,n'a gardede les fairedé-
choir. Ils gouvernent la conscience
du Roy, & la part que cet employ
leur donne à sa conscience met entre leurs mains la clef des Benefi-
ces, ils disposent souverainement
des petits, & s'ils n'ont pas un
pouvoir absolu pour la disposition
des grands, ils en ont du moins
assez pour nuire à ceux qu'ils ne
regardent pas comme leurs amis,
& pour leur procurer souvent des
exclusions fâcheuses ; cela fait que
tous les Ecclesiastiques interessez,
se livrent entierement aux Jesuites, & que parmi ceux même qui
songent moins à leur fortune, il
ne s'en trouve presque point qui
ne les menagent, & qui ne crai-
gnent de s'exposer aux ressenti-
mens d'une Compagnie puissante,
& toûjours en état de rendre de
mauvais offices à qui il luy plaît.
Per-

Perſonne ne pourroit s'oppoſer à eux que l'Archevêque de Paris, qui n'a garde de le faire, parce qu'il a de grandes raiſons de les menager, & qu'il n'en a aucune de les vouloir perdre, il s'eſt fait le ſeul Miniſtre du Roy dans les affaires Eccleſiaſtiques, & parce qu'elles ſont de nature à n'être gueres connuës d'un Prince tout occupé d'ailleurs du ſoin de ſon Etat, & qu'elles ont toûjours quelque rapport à la Theologie. Le Roy croit peut-être bien faire de les abandonner à ſon Archevêque, & de s'en rapporter entierement à luy, il le gouverne donc comme il veut & diſpoſe à ſon gré de l'autorité Royale, dont on peut dire qu'il eſt le dépoſitaire à cet égard. Il a fait une eſpece de Tribunal où toutes les affaires viennent, & où il les décide ſelon ſes vûës, ſes caprices & ſes interêts, perſonne n'en pourroit parler au Roy & l'in-

l'informer de ce qu'il y auroit à
redire dans la conduite de l'Archevêque, que le Confesseur, &
c'est pour cela que M. de Paris le
ménage & agit de concert avec
luy. Ce Jesuite pourvû qu'il arrive à ses fins consent que l'Archevêque regne, & qu'il s'ouvre le
chemin au Patriarchat dans l'Eglise de France, & l'Archevêque à
son tour, pourvû que son Trône
subsiste, & qu'on le laisse dominer sur ses Confreres, sacrifie volontiers au Jesuite la Doctrine de
l'Eglise dont il ne se met guere en
peine, & le repos de quelques particuliers qu'on bannit & qu'on
persecute dés que les RR. PP.
jugent à propos de se declarer leurs
ennemis. Voila le veritable état
de la Cour de France à l'égard des
affaires de l'Eglise, les Jesuites en
sont les Maîtres dans le fond, &
comme ils sont assez politiques
pour ne rien entreprendre que par
l'Ar-

l'Archevêque & dépendamment
de luy , ils sont assurez de faire toûjours ce qu'il leur plaît.

Ils ont au reste trois fins princi-
pales qui reglent toutes leurs dé-
marches. Ils veulent premierement
établir à quelque prix que ce soit
leur Doctrine, & la faire triompher de tout ce qui s'y oppose. Ils
veulent en second lieu affoiblir
l'autorité des SS. Peres , qui est
presque toûjours contraire à leurs
sentimens, & ils veulent enfin assujettir ou détruire toutes les Compagnies dont le merite leur fait
ombrage , & qui peuvent partager
avec eux les emplois Ecclesiastiques dont ils pretendent être les
Maîtres tous seuls. Il seroit aisé de
découvrir dans toute leur conduite les traces de ces trois desseins
qu'on leur attribuë, mais cela nous
meneroit trop loin. Il suffira pour
cette heure de les faire remarquer
dans ce qui s'est passé depuis quelques

ques années à l'egard des Peres de l'Oratoire.

Cette Congregation est une de celles qui ont le plus de reputation dans l'Eglise de France. Il y a certainement du desinteressement & de la pieté autant qu'en aucune autre, on y fait profession d'étude, & il s'y forme un assez grand nombre d'habiles gens. Ils ont la direction de beaucoup de Seminaires, & sont même chargez de plusieurs Colleges où ils instruisent la jeunesse dans les lettres & dans la vertu avec assez de succés. En voilà plus qu'il n'en faut pour faire connoître cette Compagnie, & pour donner lieu de juger qu'elle ne doit pas être fort agreable aux Jesuites, aussi n'ont-ils rien épargné jusqu'à cette heure pour la détruire. Ils les ont presentez au Roy sous toutes sortes de mauvaises formes. Ils ont accusé leurs Philosophes d'enseigner dans la Morale

des

des maximes contraires au bien des
Etats, & au respect qu'on doit aux
Souverains,& comme leurs Theologiens ne sont pas toûjours de l'a-
vis des Jesuites, ils n'ont pas manqué de les faire passer pour ama-
teurs de nouveautez & pour Jan-
senistes, car le Jansenisme est une
espece d'Heresie que personne ne
peut definir, mais qu'on impute à
qui l'on veut, & dont on passe toûjours pour convaincu, dés qu'on
a le malheur d'en être accusé. On
a donc vû plusieurs Professeurs de
l'Oratoire condamnez sans être
ouïs, privez de leurs emplois, &
chassez des lieux de leur residence
par des Lettres de Cachet, qui
sont aujourd'huy les seuls Canons
par lesquels l'Eglise de France se
gouverne, parce que ce sont les
seuls dont M. de Paris dispose
comme il veut. L'experience continuelle que les P P. de l'Oratoire
ont depuis 4. ou 5. ans, des mau-
vai-

vaiſes diſpoſitions de la Cour à leur
égard , & les exils d'un aſſez grand
nombre des leurs ayant commen-
cé à les intimider , on ſe reſolut de
prendre le temps de leur Aſſem-
blée pour les livrer entierement
aux reſſentimens des Jeſuites , s'ils
ne prenoient le parti de ſe ſoûmet-
tre à leur volonté & achever de
détruire ce qui pouvoit encore reſ-
ter de force & de vigueur dans ce
Corps. On leur fit entendre que
le Roy étant tres-mal ſatisfait
d'eux , ſe porteroit aiſément à
leur ôter leurs Colleges , & à les
pouſſer encore plus loin. Rien de
tout cela ne leur devoit paroître
incroyable dans un temps où l'autorité Royale eſt plus abſoluë &
plus indépendante , & moins tem-
peréequ'elle ne l'a peut-être jamais
été. Ils ſe rendirent donc & pour
plaire au Roy , & pour éviter & ſe
garantir de la tempête qui les me-
naçoit. Ils ſignerent un Ecrit qui
eſt

est une espece de profession de foy
ou exposition de leur Doctrine telle qu'il plût à M. l'Archevêque &
aux Jesuites de la demander , &
dont les copies imprimées se sont
répanduës par tout. Cette histoire
fait assez voir combien les Jesuites
ont travaillé pour perdre l'Oratoire , & ils y auroient peut-être réüssi
pleinement si ceux - ci avoient eu
assez de courage pour ne se pas dé-
partir de leurs sentimens & pour
s'exposer en défendant la verité , à
tout ce qu'ils pouvoient apprehen-
der des mauvaises dispositions où
on avoit déja mis le Roy à leur
égard & de tout ce qu'on auroit
fait dans la suite pour les augmen-
ter , c'est donc la lâcheté des Peres de l'Oratoire qui les a sauvez
pour cette fois de l'entiere ruïne
qu'on leur preparoit , mais ils ne
s'en sont sauvez qu'en s'assujettis-
sant eux-mêmes aux Jesuites , &
en donnant les mains à tout ce

B

qu'ils

qu'ils voudront faire pour établir & autoriser la Doctrine de leur Auteur, & pour abattre celle des SS. Peres ; car il seroit difficile de rien imaginer de plus glorieux pour les uns, & de plus desavantageux pour les autres que cette Declaration comme tout le monde en tombera d'acord si l'on veut lire avec attention les remarques que l'on a faites sur cet Ecrit.

C'est une chose tres-ordinaire que les Communautez nombreuses qui prêchent & qui enseignent en divers lieux, choisissent quelques Theologiens ausquels ils font profession de s'attacher, & dont ils suivent communement la Doctrine. On n'examinera point ici ce que cette conduite peut avoir de bon & de mauvais, à la considerer en general, ce qu'il y a de certain, c'est premierement que jusqu'à cette heure on a laissé aux corps cette liberté de se choisir un guide,

&

& pour ainſi dire un Maître dans
la Theologie, & lors qu'une Congregation a fait ce choix, ſi l'Auteur qu'elle s'engage à ſuivre eſt
un Auteur Catholique & reconnu
pour tel dans toute l'Egliſe. Il n'y
a perſonne qui ſoit en droit de l'inquieter là-deſſus, & de luy vouloir preſcrire de nouvelles loix,
ou abolir celles qu'elle s'eſt elle-
même preſcrites, que s'il ſe trouve
que cet Auteur ne ſoit pas ſeulement un Auteur Catholique, mais
qu'il ſoit celebre par ſa ſainteté &
par ſa Doctrine, que ſes Ecrits
ayent eu pendant pluſieurs ſiecles
une approbation generale, qu'ils
ayent été pour parler ainſi canoni-
ſez par les Papes & par les Conciles, & que l'Egliſe ait reconnu
plus d'une fois la Doctrine de cet
Auteur pour la ſienne. On ne peut
alors que donner des loüanges à
ceux qui voudroient ſe lier particulierement à cet Auteur, parce

 que

que c'eſt moins à luy qu'ils ſe lient
qu'à l'Egliſe, dont ils ſuivent en
ce point les inclinations & les ſentimens ; ce procedé qui ne doit jamais être blâmé eſt même quelquefois neceſſaire, & il arrive des
conjonctures où l'on ne peut ſe détacher d'un certain Auteur ſans
trahir l'Egliſe, & ſans rendre ſa
foy ſuſpecte, & ſans donner aux
fideles une grande occaſion de
ſcandale, quand un homme a été
choiſi de Dieu d'une maniere particuliere pour éclaircir & pour défendre quelque verité importante,
quand il a été l'honneur de l'Egliſe
contre les Heretiques qui la com-
battoient, quand les SS. Docteurs
qui l'ont ſuivi, l'ont regardé comme leur regle & leur modele dans
ce point. S'il arrive dans la ſuite
des temps qu'il ſe forme un parti
contre luy, & qu'on entreprenne
d'affoiblir ou de ruiner ſon autorité, alors tous ceux qui aiment ve-
rita-

ritablement l'Eglife font obligez
de fe declarer pour cet Auteur,
parce que ce n'eft pas luy qu'on at-
taque, mais fa Doctrine qui n'eft
plus la fienne, mais celle de l'E-
glife même, c'eft précifément le
cas dans lequel les PP. de l'Oratoire fe font trouvez. Il n'eft pas
neceffaire d'étaler ici tout ce que
l'on pourroit dire de l'autorité de
S. Auguftin, principalement en
parlant à des Romains qui fçavent
combien de fois & avec quels élo-
ges les Papes fe font declarez pour
ce S. Docteur, on fçait affez qui
font ceux qui dans ces derniers
temps fe font declarez contre luy,
& en combien de manieres differentes ils l'ont attaqué, mais ils ne
l'ont peut-être fait nulle part avec
tant d'audace & tant d'impunité
qu'en France, c'eft ce qui obligea
les PP. de l'Oratoire il y a déja
long-temps à s'engager plus fo-
lemnellement à luy, & à le pro-
B 3　　　　pofer

poſer à leurs Theologiens, comme celuy qui devoit être leur Maître. Et parce que les manieres Scolaſtiques dont on ſe ſert aujourd'huy ſont par fois fort éloignées de celles de ce Pere, ils y joignirent S. Thomas, qui a toûjours fait une profeſſion particuliere de ſuivre les traces de S. Auguſtin, & qui s'eſt luy-même acquis un ſi grand nom dans les Ecoles Catholiques, qu'il auroit été difficile de donner à S. Auguſtin un interprete plus digne de luy, & plus generalement approuvé. Cependant c'eſt une déliberation des Aſſemblées precedentes que M. de Paris fait caſſer dans celle-ci, & ſous pretexte de rendre à quelques particuliers une liberté qu'ils ne cherchoient pas, ou qu'ils ne devoient pas chercher, on a rompu le lien qui attachant tout le corps à S. Auguſtin, l'attachoit inſeparablement à la Doctrine Catholique

dans

dans la matiere de la grace, c'est
principalement au S. Siege à voir
s'il veut que M. de Paris se donne à
l'égard du plus éclairé de tous les
Peres, une autorité qu'il ne pourroit pas s'attribuer legitimement
à l'égard de Scot ou de quelque
Auteur Catholique, auquel un
corps auroit voulu s'attacher.

Avant que de passer outre, il y
a encore une chose qui merite bien
qu'on y fasse reflexion. Molina &
ses premiers sectateurs ne préten-
doient pas que S. Augustin fut de
leur avis, & se faisoient même un
honneur d'avoir quitté les chemins
battus, & de s'être ouvert une
nouvelle route pour sortir de toutes les difficultez qu'on trouvoit
autrefois dans la conciliation du
libre arbitre avec la grace. Cette
premiere démarche ne leur ayant
pas réüssi, leurs sectateurs entre-
prirent de mettre S. Augustin de
leur côté, & aimerent mieux faire

vio-

violence à toutes les expreſſions de
ce S. Docteur, que d'avoüer qu'il
leur fut contraire. Aprés avoir
joüé quelque temps de mauvaiſe
grace, ce perſonnage, contraint &
emprunté, ils s'en laſſent aujour-
d'huy, & ſe croyant ſeurs de réüſ-
ſir quoy qu'ils entreprennent, ils
ne ſe contentent pas de mépriſer
ce S. Docteur, ils employent le
poids & la puiſſance ſeculiere pour
forcer les autres à l'abandonner,
& ne peuvent ſouffrir qu'il y ait
dans l'Egliſe des Theologiens qui
faſſent profeſſion de ſuivre ſa Doctrine. Ils font même quelque choſe de plus, ils luy égalent leur Molina, & aprés avoir fait dire aux
PP. de l'Oratoire, qu'encore
qu'ils ne s'attachent plus à S. Auguſtin comme ils avoient fait dans
les Aſſemblées précedentes, ils ne
prétendent pas manquer au reſpect
qu'on doit avoir pour ce Pere, ils
leur font promettre quelques li-
gnes

gnes plus bas, que ceux qui se donneront encore parmi eux la liberté
d'enseigner sa Doctrine , regarderont avec estime & avec respect,
ceux qui sont attachez à des sentimens contraires , c'est à dire Molina & ses disciples , traitant ainsi
également l'un & l'autre , & les
honorant tous deux de même maniere & par un même compli-
ment. Secondement si on ne don-
noit aux Constitutions des Souverains Pontifes , que les sens qu'elles ont en elles-mêmes , & qu'ils
ont eux-mêmes donnez , on n'auroit pas lieu de faire des affaires à
personne , car depuis plus de vingt
ans qu'on persecute des Prêtres &
des Docteurs sous pretexte de Jansenisme , il ne s'en est trouvé aucun qu'on ait pû convaincre de
soûtenir un dogme condamné ou
de refuser d'en souscrire la condamnation. Il faut donc porter
les choses plus loin & faire tom-

B 5

ber

ber les censures des Papes sur une
autre Doctrine que celle qu'ils ont
voulu censurer, en effet c'est à
quoy on donne lieu par ces paro-
res, Doctrine qui pourroit être
suspecte, tout devient suspect dés
qu'il plaît à l'Archevêque & aux
Jesuites, & comme ils sont eux-
mêmes les seuls que l'on consul-
te, & sur la foy de qui le Roy se
repose en ces sortes d'affaires, on
se trouve banni & proscript comme Janseniste sans avoir rien dit
ni rien écrit qui ne se soûtienne
tous les jours publiquement dans
les Ecoles Catholiques & dans les
Livres les plus approuvez.

Troisiémement, plus les Jesuites se sentent foibles sur leur
Morale, plus ils font d'effort pour
la soûtenir, on leur reproche avec
raison qu'ils se sont fait une Theologie de chair qui flatte toutes les
passions des hommes & qui les
met en état de suivre tous leurs
de-

defirs, ils ne trouvent point de
meilleure réponfe à toutes les ac-
cufations, que d'en former une
autre contre leurs adverfaires, &
de les accufer fans preuve d'une
rigueur fans mefure, d'une feve-
rité exceffive, c'eft de ce nom
qu'on appelle en ce païs ici tout
ce qui s'oppofe à Efcobar & à fes
femblables, & il n'eft pas étrange
que la conduite la plus mefurée,
& même la plus mêlée de juftes
condefcendances paroiffe trop à
ceux qui jugent de la Morale
Chrêtienne par les principes des
Cafuiftes ou par l'impreffion que
l'exemple fait naturellement fur
l'efprit des hommes pour les empêcher de condamner comme
mauvais ce qu'ils voyent prefque
autorifé par la pratique de tout le
monde. Ainfi dans le nouveau langage introduit parmi les Cafuiftes,
l'obligation d'aimer Dieu eft un
joug trop pefant & infupportable

à

à la foiblesse des Chrêtiens; les de-
lais & l'absolution pour donner
un peu de loisir aux pecheurs de
s'assurer par eux-mêmes de la verité de leur changement, & de se
purifier par une penitence de peu
de jours des crimes & des abomi-
nations de plusieurs années, est une
tyrannie fâcheuse à laquelle on
veut assujettir injustement les personnes qui se convertissent. La
violence qu'on fait à ceux qui ont
langui long-temps dans les habi-
tudes criminelles pour les separer
des occasions prochaines de re-
tomber dans leurs desordres, est
une injustice qui trouble la societé
civile, & qui rompt toutes les me-
sures de prudence que les hommes
peuvent prendre pour conserver
leur reputation & leur fortune ; je
sçay bien que l'intention des Peres
de l'Oratoire n'a jamais été de renoncer à ces sortes de maximes, &
qu'ils donneront un sens tres-diffe-
rent

rent à l'expreſſion que nous examinons. Mais ils devoient ſe ſou-
venir qu'ils parloient à M. l'Archevêque , & que le public n'a
point d'autre idée , de ce qu'on appelle rigueur exceſſive à l'Arche-
vêché.

Quatriémement , ce qu'ils di-
ſent ici de la Faculté de Theologie
eſt faux & ne ſe peut ſoûtenir. Il
n'y a pas peut-être dans l'Egliſe,
de corps ſi diviſé que celuy-là , on
voit entre ceux qui le compoſent
une guerre continuelle où la partie la plus ſaine & la plus conſiderable eſt toûjours opprimée par
l'autre , & où ceux qui ſe ſentent
foibles du côté de la raiſon & de
la ſcience ne manquent preſque
jamais d'accabler leurs confreres
par leurs intrigues & par leur credit , tout ſe fait dans la Theologie
comme ailleurs par les ordres du
Roy , dont M. l'Archevêque eſt
d'ordinaire le porteur & l'interprete

prete, & tout le monde fçait qu'il n'y a rien que cela qui ait empêché la condamnation de la Doctrine de la Probabilité, & qui ait mis les Jesuites à couvert d'une censure qui étoit inévitable.

Cinquiémement, quoy que la Doctrine de la grace efficace soit exposée en cet article d'une maniere captieuse & plaine d'artifice, on ne s'arrêtera pas à les découvrir. Les PP. de l'Oratoire ont été trompez & on veut bien ne leur rien imputer à cet égard, que d'avoir été plus ignorans dans ces matieres, & plus duppes que des Theologiens ne le devroient être. Mais on ne fçauroit leur pardonner ce mot, *ce qui se doit entendre de tout Etat*, parce qu'il est capital en cette matiere, & qu'en détruisant la difference que S. Augustin a mise entre l'homme innocent & l'homme tombé, ils donnent un coup mortel à toute la Theologie de

de ce S. Docteur. C'est ce qu'on
ne peut s'engager à traiter dans un
Memoire aussi court que celuy-ci,
mais qui sera sans doute bien entendu de tous ceux qui connoissent
& qui aiment veritablement S. Augustin.

Sixiémement , *le Jansenisme
condamné ou desapprouvé* , ceci
n'est qu'une suite de ce que nous
avons déja remarqué dans la deuxiéme Observation, on n'a inventé
cette belle distinction de Jansenisme condamné ou desapprouvé,
qu'afin de donner au nom de Jansenisme toute l'étenduë dont on
a besoin pour opprimer tous ceux
qui déplaisent aux Jesuites & à M.
l'Archevêque , car ce Jansenisme
desapprouvé n'a point de bornes
que celles que la passion des Jesuites luy veut donner.

Comme ce qui suit ne regarde
que la Philosophie , on ne l'examinera pas en détail. Il importe
assez

aſſez peu qu'on ſuive les opinions
nouvelles de M. Deſcartes, ou les
anciennes d'Ariſtote, ceux qui ſont
trompez dans ces ſortes de matieres ne le peuvent être dangereuſe-
ment, & on auroit tort de les vouloir inquieter là-deſſus. Mais quoy
qu'on n'ait aucun attachement
particulier à l'un ou à l'autre de ces
Philoſophes, on croit devoir faire
ſur la conduite de la Cour à leur
égard une reflexion generale.

S'il y avoit quelque opinion
dans les Livres d'un Philoſophe
qui fût contraire évidemment aux
veritez de la foy, ce ſeroit à l'E-
gliſe à en juger & à la condamner,
& ſi elle le faiſoit, ce ſeroit ſans
doute en marquant diſtinctement
les opinions qu'elle voudroit rejetter, & non en condamnant en
gros tout un corps de Philoſophie,
compoſé d'un grand nombre d'o-
pinions differentes, dont la plûpart n'ont aucune relation prochai-
ne,

ne, ni éloignée avec aucune verité
de la foy. Mais c'est une chose de
tres - dangereux exemple & tres-
perilleux dans les suites, que sans
un jugement Ecclesiastique , on
oblige une compagnie de Prêtres,
de rejetter generalement tout un
corps de Philosophie, c'est à dire
un tres - grand nombre de sentimens & d'opinions purement Phi-
losophiques , & cela par une autorité seculiere , ou pour suivre l'o-
pinion qu'il a plû à M. l'Archevêque de donner au Roy.

Il n'y a rien dans les hommes de
si indépendant & de moins assu-
jetti aux Puissances de la terre que
leur esprit. Ceux qui sont esclaves
à l'égard de tout le reste, sont libres dans le choix de leurs opinions, & leurs maîtres qui disposent comme il leur plaît de leurs
vies, ne peuvent disposer de leurs
sentimens, il n'y a que Dieu seul,
sous l'autorité duquel l'esprit humain

main foit obligé de fe captiver,
parceqi'il n'y a que luy qui foit la
verité effencielle & qui ne puiffe
jamais fe tromper. L'hommage
que nous luy rendons en cette qualité, en renonçant à nôtre propre
lumiere pour fuivre celle de la foy,
eft une forte de culte que nous ne
fçaurions tranfporter à d'autres,
& lorfque nous paroiffons le rendre à l'Eglife, ce n'eft que parce
qu'elle nous parle de fa part &
comme l'interprete infaillible de
fes Oracles, auffi cet affujettiffe-
ment de la raifon fous l'autorité
Divine a toûjours été regardé
comme la premiere victime que
nous devons offrir à Dieu, & nous
ne fçaurions luy en rendre aucune
autre qui luy foit agreable fi celle-
ci ne la precedée. Le facrifice n'eft
pas à la verité un facrifice fanglant,
mais on peut dire qu'il n'y en a a
point de plus precieux, ni qui nous
coûte davantage, c'eft pourquoy

il

il importe extremement de ne rien faire qui en augmente la difficulté, ou qui rebute nos esprits de cette heureuse servitude, qui est la source de leur sûreté & de leur salut. Or rien n'est plus capable de faire ces mauvais effets que cet empire absolu que l'on veut prendre sur nous, en nous prescrivant dans des choses indifferentes ce qu'on veut que nous croyons, & nous empêchant de jouïr d'une liberté qui nous est acquise par le droit naturel, & que la Loy de Dieu nous a laissé toute entiere

Dans les efforts que l'ame fait contre ce nouveau joug, il est à craindre qu'elle ne s'accoûtume insensiblement à la revolte, & que la haine d'une autorité usurpée ne prepare nos cœurs sans que nous nous en appercevions à des entreprises temeraires contre l'autorité legitime. Mais outre cela il est extremement dangereux de donner

donner lieu de penser que la croyance de nos Misteres dépende des principes de la Philosophie, & que nôtre Religion & Aristote sont tellement liez qu'on ne puisse renverser l'un sans ébranler l'autre. Nôtre foy seroit bien chancelante si elle etoit etablie sur des fondemens si peu solides, & les avantages que les nouveaux Philosophes emportent tous les jours sur Aristote, mettroient bien-tôt les Heretiques en état de triompher de l'Eglise & de sa Doctrine. Enfin les hommes sont naturellement curieux, & pour les empêcher de l'être avec excés, il est bon de laisser dans la Philosophie un exercice innocent à leur curiosité, & d'imiter en cela la conduite de Dieu qui a livré le monde aux recherches & aux disputes des Philosophes. *Mundum tradidit disputatione eorum.* C'est dans ces vûës que S. Gregoire de Nazianze

dans

dans un excellent discours qu'il a
fait de la moderation dans les disputes, aprés avoir souhaité que la
curiosité fut étainte & amortie
dans ses auditeurs. Il leur conseil-
d'occuper ce qui leur en reste,
dans l'etude des choses naturelles,
de travailler à se connoître eux-
mêmes, & à connoître l'Univers,
& de delasser dans ces matieres,
où l'erreur ne peut être ni importante, ni perilleuse, le desir dére-
glé de sçavoir, qui est naturel aux
hommes, & qui est souvent le
principe de leurs égaremens & de
leur malheur.

ECLAIRCISSEMENT
sur le Livre de M. de la Ville.

IL s'agit ici de sçavoir si l'on
peut soûtenir tout simplement
avec Descartes, *que l'essence de la
matiere consiste dans l'étenduë*, ou

comme

comme dit Gassendi , *qu'à consi-*
derer les choses selon les loix ordi-
naires de la nature , l'essence de la
matiere semble consister dans la so-
lidité , ou impenetrabilité , d'où suit
necessairement l'étenduë. Car l'on
prétend que si l'une ou l'autre de
ces opinions est vraye , il s'ensuit
que l'étenduë , comme essencielle
à la matiere , ne peut jamais être
sans la matiere , ni la matiere sans
l'étenduë ; ce qui est contraire à
ce que l'on enseigne communement dans les Ecoles , à sçavoir
qu'aprés la Transsubstanciation l'é-
tenduë du pain subsiste sans pain,
& le Corps de Jesus Christ sans
son étenduë : L'essence de la matiere ne consiste donc pas ni dans
l'étenduë , ni dans la solidité ou
impenetrabilité ; mais l'étenduë
doit être quelque chose d'acciden-
tel à la matiere , c'est à dire un ac-
cident particulier , ou une certaine
petite Entité qui fasse que la matiere

tiere soit étenduë, & que Dieu par
sa puissance infinie puisse faire subsister sans la matiere. Voilà en peu
de mots l'etat de la Question, &
le fondement des Objections de
Monsieur de la Ville, & de plusieurs autres qui l'ont precedé.

Avant que de proposer une
pensée qui me semble être tres-
Ortodoxe, & fort propre pour
accorder la Philosophie avec la
Theologie, & même ôter la difficulté que font ordinairement les
Heretiques, en disant qu'il est impossible que le Corps de Jesus
Christ soit réellement dans le S.
Sacrement, parce qu'il ne sçauroit
y être sans avoir son étenduë, il
est bon de remarquer, Premierement, que les Conciles ne disent
point que l'etenduë réelle & effective du pain demeure aprés la
Transsubstanciation, & que le
Corps de Jesus Christ soit sans sa
propre, réelle & effective étenduë.

De

De plus, que le dessein de l'Eglise, & des Conciles n'est point de
déterminer que les especes, ou les
accidens du pain, & du vin soient
de certaines petites Entitez distin-
guées, & separables de la matiere,
en sorte que ce ne soit point des
modes mêmes de la matiere, ou
quelque autre chose. En troisiéme
lieu, que le Concile de Trente en
parlant de ce qui reste aprés la
Transsubstanciation se sert, & apparemment à dessein, non pas du
terme *Accidentia*, mais du terme
Species, qui signifie especes ou apparences, comme s'il vouloit nous
donner à entendre qu'aprés la
Transsubstanciation les especes,
ou les apparences du pain par
une continuation de miracle
auquel nous devons soûmettre
nôtre esprit, demeurent, quoy
qu'il n'y ait plus de pain, ni
rien de ce qui pouvoit être dans
le pain ; & qu'au contraire, les especes,

peces, ou les apparences du Corps
de Jesus Christ ne sont point dans
le Sacrement, quoy que son Corps
y soit veritablement, & réellement.

Tout ceci supposé, ne pourroit-
on point répondre à l'Objection
en distinguant deux sortes d'étenduë, l'une réelle & veritable, &
qui soit le corps même ; l'autre apparente, & qui ne soit que l'apparence du corps, ou l'apparence de
la vraye, & réelle étenduë ? N'o-
seroit-on point, dis-je, se servir de
cette distinction, & dire qu'aprés la
Transsubstanciation l'étenduë du
pain demeure, à sçavoir l'étenduë
apparente, quoy que l'étenduë
réelle & effective du pain ne demeure pas ; comme n'étant autre
chose que le pain qui n'est plus ; &
qu'au contraire l'étenduë réelle &
veritable du Corps de Jesus Christ
est réellement & effectivement
dans le Sacrement ; comme n'étant

C   aussi

auſſi que le Corps même de Jeſus
Chriſt , mais que l'étenduë apparente n'y eſt point , ou , ce qui re-
vient au même , qu'encore que l'é-
tenduë réelle & veritable du Corps
de Jeſus Chriſt y ſoit , neanmoins
nos ſens ne l'apperçoivent pas ;
Dieu par une continuation de miracle , comme j'ay dit , & par un
effet de ſa toute-puiſſance , faiſant
en ſorte qu'à la preſence du Corps
de Jeſus Chriſt nos ſens par des
voyes extraordinaires ſoient affectez de la même maniere que s'il y
avoit du pain preſent , & voulant
que nous nous ſoûmettions à croire que ce que nous repreſentent
nos ſens , à ſçavoir le pain , & ſon
étenduë n'eſt pas , & que ce qu'ils
ne nous repreſentent pas , à ſçavoir
le Corps de Jeſus Chriſt , & ſon
étenduë eſt réellement & effectivement dans le Sacrement ?

Et l'on ne doit point dire pour
cela que nous ſommes donc perpe-
tuel-

tuellement trompez ; car lorsque
Jesus Christ contre toutes les apparences des sens nous atteste par
ces paroles, *Hoc est Corpus meum*,
que son Corps est dans le Sacrement, c'est en même temps nous
avertir de la verité de la chose, &
c'est proprement nous dire que
nous ne devons pas en cela nous
fier à ce que nos sens pourroient
nous en rapporter. Si nos sens sont
trompez, conformement à ce que
dit S. Thomas,

Visus, tactus, gustus in te fallitur.
Sed auditu solo tuto creditur.

Si nos sens, dis-je, sont trompez,
en ce qu'ils nous representent la
chose autrement qu'elle n'est, &
qu'ils nous representent du pain
où il n'y a point de pain, il ne s'ensuit pas pour cela que nous soyons
trompez ; puisque, comme je viens
de dire, nous sommes avertis de la
verité du Mystere, & que Jesus

 Christ

Chrift nous affûre luy-même que c'eft fon Corps, quoy qu'il ne nous paroiffe être que du pain. Il nous faut ici appliquer ce que le même S. Thomas enfeigne fur l'apparition d'un enfant entre les mains d'un Prêtre qui celebroit, & fur l'apparition même de Jefus Chrift aux Apôtres qui alloient enEmaüs. *Il n'y avoit point là*, dit-il, *de tromperie, comme il arrive dans les preftiges des Magiciens ;* Quia talis fpecies divinitùs formatur ab oculo ad aliquam veritatem fignifican-dam.

L'on ne doit point auffi dire que cette Opinion foit dangereufe ; puis qu'elle ôte entierement & ab-folument tout ce qui étoit dans le pain ; au lieu que l'Opinion commune en laiffe quelque chofe, à fçavoir les accidens, ce qui pour-roit donner occafion à quelque fcrupule, d'autant plus que de tous les anciens Philofophes il n'y en a

pas

pas un qui ait crû que les accidens
soient separables de leur sujet, ou
puissent subsister sans leur sujet;
mais voici une difficulté considera-
ble.

Il faut de necessité, dit-on, que
le Corps de Jesus Christ dans le
Sacrement soit dépoüillé de son
étenduë, & que toutes ses parties
se penetrent entr'elles, autrement
comment le pourrions-nous manger, & le transmettre tout d'un
coup dans nôtre estomac comme
nous faisons ? Mais, je vous prie,
si vous demeurez une fois d'accord
que le Fils de Dieu est assez puissant pour faire que le pain soit
transsubstancié en sa Chair, & que
sa Chair nous paroisse être du pain;
ou pour faire que nous mangions sa
vraye Chair, sans qu'elle nous paroisse Chair; pourquoy par un semblable miracle ne pourra-t-il pas
faire que nous mangions sa Chair
veritablement étenduë, sans qu'elle

 nous

nous paroisse être étenduë? Quelle impossibilité, & quelle contradiction pourroit-on trouver en cela? Croyez-vous qu'il soit impossible à Dieu de faire passer un Chameau par le trou d'une aiguille? Cela pourroit être impossible aux hommes, mais à Dieu, mais à un Etre d'une vertu infinie, c'est ce que personne n'oseroit soûtenir. La chose, direz-vous, est bien difficile à concevoir; assûrément, mais il est encore incomparablement plus difficile de concevoir que toutes les parties d'un corps se penetrent, & n'ayent point d'étenduë, & cependant que ce corps demeure corps.

Et qu'ainsi ne soit, s'il est vray que toutes les parties du Corps de Jesus Christ n'ayent en soy aucune étenduë; les voilà donc toutes non seulement penetrées, mais confonduës entre elles, & sans aucune distinction reduites à un point, & non seulement à un point Physique,

que, qui auroit quelque étenduë, mais à un point Mathematique, qui n'est en nature que par la seule pensée, voilà donc la tête où sont les pieds, les pieds où est le cœur, le cœur où est le foye, & ainsi du reste ; car où, & comment imaginer quelque distinction dans un corps dont toutes les parties se penetrent, & n'ont de soy aucune étenduë ? Or cela étant, où est l'idée d'un corps qu'on puisse dire être un corps humain, & different d'une masse informe ? Où est l'idée d'un corps qui soit celuy-là même qui a souffert pour nous dans l'arbre de la Croix ? Je dis plus, où est même l'idée de corps, & où est même l'idée de parties, si toutes les parties se penetrent, sont destituées de toute étenduë, & sont reduites à un point ? N'apprehendez-vous point quelque contradiction, & pourriez-vous bien dire, ou concevoir qu'une montagne reduite à un

C 4

point

point fût encore une montagne? En verité, Monſieur de la Ville, il me ſemble qu'il eſt bien dangereux d'aller ſi vîte, & qu'avant que de déterminer abſolument que toutes les parties du Corps de Jeſus Chriſt ſoient deſtituées de toute leur étenduë, & ſe penetrent toutes, il y faut bien penſer. Cependant ſi avec tous ces inconveniens, que je crois incomparablement plus grands que tous ceux que je prévois que l'on me pourroit objecter, il eſt vray que la choſe ſoit de Foy, & que les Conciles l'ayent déterminé, il n'y a point à balancer, nous ſommes Chrêtiens, & Catholiques, nous nous y ſoûmettons volontiers : Mais ſi cela n'eſt pas, & ſi ce n'eſt qu'une conſequence conjecturale, & qui peut être mal fondée, pourquoy entaſſer ainſi difficulté ſur difficulté? Pourquoy rompre en vûë, pour ainſi dire à toute la Philoſophie,

en

en détruisant celuy de ses Principes qu'elle a crû jusques à present le plus indubitable ? Pourquoy se mettre en danger de detruire ce que l'on pose, à sçavoir le Corps de Jesus Christ, que nous croyons être reellement dans le Sacrement? Et pourquoy pour éviter tous ces embaras n'en venir pas, s'il est possible, à la Réponse, & à l'expedient que je propose ?

La penetration mutuelle des parties du Corps de Jesus Christ dans le Sacrement est une conséquence qui se tire évidemment, & necessairement des paroles des Conciles. C'est-là la question, c'est ce qui ne me paroît point, & Monsieur de la Ville pourroit bien avoir tiré cette consequence sans que les Conciles y eussent jamais pensé. O qu'il faut être circonspect, & sobre à tirer des consequences dans des matieres de cette importance ! Croyez-moy, Mon-

sieur,

fieur, les Conciles font bien fages, ils ne s'expliquent qu'autant qu'ils le jugent à propos, & il eft à croire que s'ils avoient voulu faire un Article de Foy de la penetration des parties du Corps de Jefus Chrift, & par confequent déterminer que l'effence de la matiere ne confiftât point dans la folidité & impenetrabilité, la chofe eft d'une telle confequence, qu'ils l'auroient dit pofitivement.

Cependant les Conciles veulent que le Corps de Jefus Chrift foit tout entier fous chaque partie de l'efpece du pain, à la maniere des chofes fpirituelles. Il eft vray que la plûpart des Scolaftiques parlent de la forte, mais non pas tous, mais non pas les Conciles ; & nous voyons que le Concile de Trente dit en termes exprés, *divifione facta*, & qu'il ne dit point *ante divifionem*.

Du moins ne fçauroit-on nier qu'a-

qu'avant la fraction il ne soit tout
entier sous toute l'espece du pain,
& aprés la fraction sous chaque fragment. Aussi ne le nions-nous pas.
Donc toutes les parties se penetrent ; pourquoy cela, & pourquoy
les depoüiller de toute leur étenduë réelle & effective , si cela n'est
pas déterminé par les Conciles , &
si Dieu est assez puissant pour faire
que leur étenduë soit, & ne paroist-
se pas ?

Prenons s'il vous plaît garde à
une chose. Lors que les Conciles
disent que le Corps de Jesus Christ
est tout entier sous l'espece du pain,
pensez-vous qu'ils prétendent que
cette espece soit quelque envelop-
pe, quelque voile, quelque cou-
verture réelle & effective , ou , si
vous voulez, quelque Entité qui
ait préexisté dans le pain: Ils ne dé-
terminent point que la nature de
l'espece soit telle , & vray-sembla-
blement ils ne veulent autre chose

 sinon

finon qu'il foit fous les apparences
du pain, c'eft à dire qu'il paroiffe
être du pain, c'eft à dire qu'il paroiffe à nos fens en toutes chofes,
en rondeur, en blancheur, en faveur, en pefanteur, en flexibilité,
en divifibilité, &c. comme fi c'é-
toit du pain : Ainfi lors que le Prêtre eft dit plier, & rompre la fainte
Hoftie, lors que le figne, le Sacrement, les efpeces ou les accidens
font dits être rompus (car on parle
fort diverfement) croyez - vous
qu'il y ait rien de rompu qu'en apparence, ou que rien de ce qui étoit
dans le pain foit rompu ? S. Thomas nous l'enfeigne, *Signi tantùm
fit fractura* ; & je tiens que tout cela ne fignifie autre chofe, finon que
du pain en apparence eft plié, &
rompu, finon que le Prêtre paroît
plier, & rompre du pain. Je vou-
drois bien qu'on me dît en paffant,
fi l'on entend ce que c'eft qu'un ac-
cident pur & fimple, & fans fubftance

ſtance pouvoir être plié, & rompu?
Mais je laiſſe cela à part pour en venir à quelques comparaiſons qui ne
me ſemblent pas tout à fait éloignées de nôtre ſujet.

Lors que du haut d'une montagne nous voyons en bas dans la
plaine un homme d'une ſtature ordinaire, & que nous diſons que
nous le voyons ſous l'eſpece d'un
Pygmée, prétendons - nous que
cet homme ſoit revêtu, ou couvert de la peau d'un Pygmée, ou
de quelque choſe qui ait été dans
un Pygmée? Nous ne voulons aſ-
ſurément dire autre choſe ſinon,
que cet homme nous paroit comme un Pygmée, quoy que d'ailleurs nous demeurions d'accord
qu'il a ſix ou ſept pieds de haut.
Lors que le fils de Tobie voyoit
l'Ange ſon conducteur ſous l'eſpece d'un jeune homme, eſt-ce que
cette eſpece étoit quelque choſe,
quelque entité, quelque envelop-
pe

pe d'un jeune homme ? Personne
ne dira cela , & voir un Ange sous
l'espece d'un jeune homme , n'est
autre chose sinon un Ange paroître
comme un jeune homme, de quelque façon que la chose se fasse. Enfin lors que les Apôtres voyoient
nôtre Seigneur sous l'espece d'un
Pelerin , est-ce que cette espece
étoit autre chose que l'apparence ?
Est-ce que nôtre Seigneur étoit revêtu des habillemens d'un Pelerin?
Ce n'est pas le sentiment de la plûpart des Interpretes ; ils tiennent
simplement que nôtre Seigneur
par une voye toute miraculeuse
leur paroissoit comme si c'étoit un
Pelerin ; mais retournons sur nos
pas , & nous expliquons pleinement.

Il n'y a point, dit-on , de fragment sous lequel le Corps de Jesus Christ ne soit tout entier. Ceci
est vray, & j'en suis déja demeuré
d'accord; il est vray, dis-je, qu'il
n'y

n'y a point de fragment apparent,
ou d'apparence de fragment aprés
la fraction apparente, fous lequel
le Corps de Jefus Chrift ne foit
tout entier. Donc toutes les parties
fe penetrent, c'eft auffi une confequence que j'ay déja niée, & je
foûtiens toûjours que Dieu eft affez
puiffant pour faire qu'elles y foient
fans fe penetrer, & avec toute leur
étenduë, & cependant que leur
étenduë ne paroiffe pas. Il femble
même que lorfque le Docteur An-
gelique nous avertit de nous bien
fouvenir que le Prêtre par la fraction ne diminuë ni l'état, ni la ftature du Corps de Jefus Chrift, *quâ
nec ftatus, nec ftatura fignati minuitur*, il femble, dis-je, qu'il fuppofe en même temps, & qu'il nous
veüille marquer que l'état, l'ordre, l'arrangement des parties, la
ftature, & par confequent l'étenduë du Corps de Jefus Chrift y
foient, quoy que tout cela ne paroiffe

roiſſe pas. Permettez-moy donc,
Monſieur de la Ville , que je le di-
ſe encore une fois. Il faut être extremement circonſpect à tirer des
conſequences des paroles des Conciles , & principalement quand ces
conſequences tendent à condamner les Philoſophes d'Hereſie ; car
enfin , pour vous dire ce petit mot
en paſſant , il eſt toûjours bon de
ménager un peu les Philoſophes,
ou du moins de ne les pas trop effa-
roucher ; quand une fois ils croyent
avoir par devers eux ce qu'ils ap-
pellent la raiſon , vous ne ſçauriez
croire combien la plûpart ſont opi-
niâtres , & combien il faut que les
autoritez qu'on apporte contre eux
ſoient fortes , & évidentes pour les
tirer de leur Philoſophie. Ce n'eſt
pas que je n'approuve vôtre zele,
je veux croire que vous avez tres-
bon deſſein, que vos intentions ſont
tres - ſinceres , & que dégagé de
tout intereſt , ſoit de parti , ſoit de

querelle particuliere, soit de vani-
té, ou autrement, vous n'avez en
vûë que la pureté, & l'integrité de
la Religion ; mais cependant il
pourroit y avoir de l'excés dans ce
zele, & pour vous dire franchement ce que je pense, il me semble
que vous êtes un peu trop hardi, &
trop décisif dans vos consequences,
& que vous auriez pû considerer
que ce n'est pas sans raison que les
Conciles ne disent point positivement *que dans le S. Sacrement les
parties du Corps de Jesus Christ se
penetrent*, & craindre de nous donner une invention purement humaine pour un Article de Foy.

Il me souvient que lors que
Monsieur l'Abbé Colbert, cet il-
lustre Protecteur de la Philosophie, enseignoit, l'on agitoit souvent la difficulté dont il est question ; mais l'on ne s'emportoit
point ainsi comme vous faites, à
condamner si vîte, & presque in-
diffe-

differemment les Cartefiens, & les Gaffendiftes ; l'on difoit tout fim- plement que les Philofophes ne devoient point être trop dogmati- ques fur les matieres qui regardent les Myfteres ; qu'ils ne confiderent les chofes, & n'en doivent parler que felon qu'elles paroiffent dans le cours ordinaire de la Nature ; qu'il faut toûjours s'en tenir ferme à l'effenciel de la Doctrine, à fça- voir que Jefus Chrift eft réelle- ment en corps, & en ame dans le S. Sacrement ; que la maniere dont il s'y trouve eft toute adorable, toute myfterieufe, & inexplicable; & qu'il eft même dangereux de vouloir trop penetrer avec nos ex- plications, & nos confequences dans les fecrets de Dieu. C'eft ainfi, Monfieur, que l'on en ufoit, c'eft-là la moderation avec laquel- le l'on parloit ; & je puis même vous dire, qu'aprés tout l'on con- fideroit fort ces paroles de S. Au- guftin,

guſtin, qui ſont à peu prés les mêmes que celles de ces Philoſophes
que vous condamnez. *Corpus non
eſt, niſi quod per loci ſpatium aliqua longitudine, latitudine, alti-
tudine ita ſiſtitur, vel movetur, ut
majore ſui parte majorem locum occupet, & breviore breviorem, mi-
nuſque ſit in parte quàm in toto.*
Mais paſſons, s'il vous plaît, à une
petite circonſtance de Voyageur.

Lorſque dans les Indes je voyois
de ces nouveaux Chrêtiens emba-
raſſez ſur le Myſtere de l'Euchariſtie, comme ne pouvant concevoir
que ſur l'Autel il parût y avoir du
pain avec toute ſon étenduë ſans
qu'il y eût du pain, & que le même
Corps de Jeſus Chriſt qui avoit été
étendu dans l'Arbre de la Croix
fût ſur l'Autel ſans qu'il parût y
être ; penſez-vous que je m'allaſſe
amuſer à leur dire que dans tous
les corps il y a de petites Entitez
vulgairement nommées Accidens,
qu'en-

qu'entre ces Entitez il y en a principalement une appellée Quantité,
qui fait que le corps est étendu, sans
toutefois être ou étenduë elle-même, ou corps, ou de l'essence du
corps, ou le mode du corps, &
que Dieu dans l'Eucharistie dé-
poüillant le Corps de Jesus Christ
de cette Entité, cela faisoit qu'il
demeuroit sans étenduë? Pensez-
vous, dis-je, que je leur allasse
faire tous ces beaux discours? Je
m'en donnois certes bien de garde;
je les aurois encore davantage em-
barassez, & même comme ils ont
l'esprit tres-subtil, & plus propre
aux Sciences que nous quand ils
veulent s'y appliquer, peut-être les
aurois-je rebutez. Je me conten-
tois de leur dire tout simplement,
& en trois mots, Quoy vous demeurez bien d'accord que Dieu
par sa Toute-puissance a de rien
créé le Ciel, & la Terre, & vous
aurez de la peine à croire qu'il
puisse

puisse faire en sorte qu'il paroisse
du pain, & de l'étenduë où il n'y
ait ni pain, ni étenduë, & qu'il ne
paroisse point de corps, ni d'étenduë où il y ait & corps, & étenduë;
certainement c'est restraindre la
Toute-puissance de Dieu d'une
étrange maniere, que de ne vouloir pas qu'il soit assez puissant
pour faire qu'une chose paroisse où
elle n'est pas, ou pour empêcher
qu'elle ne paroisse là où elle est?
Ces bonnes gens s'en alloient avec
cela plus contens, & plus soûmis
que si je leur avois fait toutes ces
belles explications de Philosophie
que je viens de toucher.

J'en usois à peu prés de même à
l'égard de ceux qui par trop raisonner sur la réalité du Corps de Jesus
Christ dans le Saint Sacrement,
avoient quelque apprehension d'ê-
tre encore en quelque espece d'I-
dolatrie; sans m'arrêter à toutes ces
Controverses, qui d'ordinaire ne
fi-

finissent point, je les fortifiois par
ces belles paroles de Richard de S.
Victor, *Tot & tantis signis, &
tam miris prodigiis qua non nisi per
te fieri possunt, confirmasti doctrinam tuam, ut nobis timendum non
sit in die judicii : Nonne enim cum
omni confidentia Deo dicere poteri-
mus, Domine, si error est, à te ipso decepte sumus ?* Allez , allez,
leur disois - je , n'apprehendez
point, vous étes dans le bon chemin, n'ayez point de peur de trop
croire, vous avez pour garant de
vôtre croyance la Sainte Ecriture,
c'est à dire les paroles mêmes de
Jesus Christ, de celuy qui à ressus-
cité les morts, & qui s'est ressusci-
té luy-même, pour nous confir-
mer la verité de sa doctrine , &
pour nous forcer, pour ainsi dire,
à croire à ses paroles , quelques
étranges qu'elles nous pûssent paroître : Il a dit tout simplement , &
sans explication , qu'il nous don-
noit

noit son sacré Corps à manger , &
son précieux Sang à boire; croyons-
le sans tant philosopher ; nous sommes en sûreté de ce côté-là ; quand
même par impossible la chose ne
seroit pas, ce ne seroit au plus à nôtre égard qu'une simple erreur qui
seroit pardonnable , & qui ne sçauroit jamais nous être imputée; nous
pourrions toûjours dire à Dieu
avec assurance, *Si nous avons été
trompez , Seigneur c'est vous qui
nous avez trompez* , mais ceci soit
dit en passant.

Je soûmets tres - volontiers la
Réponse que je propose au jugement des plus sages, & principalement de nôtre sainte Mere l'Eglise
Romaine , esperant que Messei-
gneurs nos Prelats considereront
meurement que cette Réponse est
peut-être le seul & unique moyen
d'accommoder la Philosophie avec
le Mystere de l'Eucharistie. Car
enfin de dire, comme l'on fait d'ordinaire,

dinaire, que l'essence de la matiere
consiste dans l'étenduë Radicale,
c'est à dire à pouvoir être actuellement étenduë, ou à exiger d'être
actuellement étenduë ; que l'essence, dis-je, d'une chose qui est non
seulement en puissance, mais qui
est actuellement, réellement &
effectivement, consiste, non à être,
mais à pouvoir être, à exiger d'ê-
tre ; qu'est-ce que tout cela signifie ; & comment veut-on qu'un
Philosophe se paye de cela, à moins
qu'on luy apporte une autorité ex-
presse des Saintes Ecritures, ou des
Saints Peres, ou des Conciles, ce
que je ne croy pas que Monsieur de
la Ville puisse faire ?

Et il est inutile d'objecter que
de même que l'essence du Soleil ne
consiste pas à être actuellement lu-
mineux, mais à pouvoir illuminer,
l'essence du feu à pouvoir échauffer, l'essence de l'homme à pouvoir raisonner ; ainsi l'essence de la
matiere

matiere ne confiſte pas à être
actuellement ſolide, dure, impe-
netrable, & étenduë, mais à le
pouvoir être; car cette comparai-
ſon ſuppoſe ce qui eſt en queſtion,
& il n'y a nulle parité. L'on ſçait
aſſez qu'illuminer, échauffer, &
raiſonner ſont des actions, & que
toute action préſuppoſe l'eſſence
de la choſe, mais on n'a jamais
conçû l'étenduë comme une action,
au contraire nous prétendons
qu'elle eſt de l'eſſence même de la
matiere, & qu'il eſt autant impoſſible de concevoir la matiere ſans
étenduë, que de concevoir l'homme ſans le raiſonnable: D'où vient
que nous tenons bien que le Soleil
peut abſolument être, & n'illuminer pas, Dieu empêchant ſon acti-
vité, comme il empêcha autrefois
celle du feu dans la Fournaiſe de
Babilone; mais non pas que la matiere puiſſe être ſans étenduë, ou
l'étenduë ſans la matiere.

D

De

De vouloir auſſi dire avec quelques Carteſiens , que la ſuperficie
du pain demeure , c’eſt encore pis;
puis que ſelon eux la ſuperficie
d’un corps ’n’eſt autre choſe que
ſon extremité , ou que le corps même entant qu’il eſt borné & limité,
& qu’ainſi la ſuperficie du pain de-
meurant il demeureroit quelque
choſe de la ſubſtance du pain. De
vouloird’ailleursſoûtenir avecDeſ-
cartes que Dieu peut faire ce qui
implique contradiction, je ne ſçaurois n’avoüer pas que Monſieur de
la Ville a quelque raiſon de ſe ré-
crier là contre. Car quoy qu’il ne
faille pas ſous pretexte de contradiction être trop facile à determi-
ner de ce que Dieu peut , ou ne
peut pas faire; neanmoins de ſoûtenir ainſi crûment que Dieu peut
faire ce qui implique contradiction,
qu’une Montagne ſoit ſans vallée,
que le tout ſoit moindre que ſa partie, que deux, & deux ne ſoient
pas

pas quatre , qu'une chofe foit en même temps , & ne foit pas , & ainfi d'une infinité d'autres ; ce feroit vouloir tourner en ridicule la Theologie, & la Religion : Comme fi nous n'étions pas obligez de croire que de tous nos Myfteres il n'y en a pas un qui implique contradiction !

Mais pour ne m'embaraffer point des Réponfes des autres, & ne m'opiniâtrer point même à celle que j'ay propofée , il me femble que Monfieur de la Ville auroit toûjours bien pû , fans bleffer fa confcience, permettre aux Gaffendiftes de philofopher à leur maniere , & de dire, non pas dogmatiquement & décifivement comme Defcartes, mais *qu'à confiderer les chofes felon les loix ordinaires de la Nature, l'effence de la matiere femble confifter dans la folidité , ou impenetrabilité , d'où fuit l'étenduë* ; car cette maniere eft tout à

fait

fait modeste; ils ne décident de rien
positivement & absolument, c'est
une deference qu'ils ont pour la
Theologie, & ils s'en tiennent
simplement dans les bornes de la
Philosophie : Si Monsieur de la
Ville avoit bien pris garde à tout,
il se feroit apperçû que Gassendi a
cela de particulier qu'il est & Philosophe, & Theologien; ce grand
Homme agit par tout avec tant de
prudence, de précaution, & de
circonspection à l'égard des Saintes Ecritures, des Saints Peres, &
des Conciles, que j'ose dire que
son Systeme de Philosophie est du
moins autant soûtenable dans laR e-
ligion, & autant bien accommodé
à nôtre Theologie qu'aucun autre.

Ajoûtons encore quelque chose
qui me vient dans la pensée ; car je
prévois que Monsieur de la Ville
retournera à la charge, & ne manquera pas de me dire à l'égard des
accidens, que cette proposition de
Viclef,

Viclef, *les accidens du pain ne demeurent point sans sujet dans ce Sacrement*, a été condamnée par le
Concile de Constance, & par consequent que cet autre qui semble
être sa contradictoire, *les accidens
du pain demeurent sans sujet*, doit
être veritable, & definie : Mais il
est inutile de me faire cette objection ; car je ne prétens pas autre
chose, selon tout ce qui a précedé,
sinon que les accidens, c'est à dire
les especes, ou *les apparences* du
pain demeurent sans pain, ou, pour
m'expliquer toûjours de la même
maniere, qu'encore que dans le Sacrement il n'y aitpoint de pain, ilpa-
roît neanmoins qu'il y ait du pain ;
nos sens à la presence du Corps de
Jesus Christ étant affectez de même que s'il y avoit du pain present.

Il ne manquera pas aussi sans
doute de me dire, & redire que
je n'explique point comment le
Corps de Jesus Christ avec toute

D 3 son

son étenduë naturelle puisse être
renfermé dans nôtre bouche, dans
nôtre estomac, dans un Ciboire,
&c. J'ay deja dit que la difficulté
est grande, & mes amis me l'ont
proposée plusieurs fois, me marquant en même temps que je pourrois peut-être dire selon mes Principes, Que si un corps humain étoit
reduit à l'espace precis que ses parties occupent, en sorte que tous
les pores, & tous les petits vuides
en fussent exclus, c'est une chose
merveilleuse de la petitesse à laquelle il seroit reduit : Mais à Dieu
ne plaise que j'entreprenne d'expliquer les Mysteres ; ce seroit vouloir mesurer la Toute-puissance de
Dieu à nôtre petite & chetive intelligence : Les Saints Peres nous
enseignent que Dieu ne manque
pas de voyes & de moyens pour accomplir ses promesses, mais ils
nous avertissent en même temps
que ces voyes sont toutes merveil-
leuses,

leuſes , & inexplicables. Je vois
que lors que Jeſus Chriſt inſtituë
le S. Sacrement de l'Euchariſtie ,
il ne parle point d'un Corps dont
toutes les parties ſe penetrent , &
ſoient reduites à un point, mais de
ſon veritable & naturel Corps ; je
ne prétens point tant ſubtiliſer , ni
raiſonner , & remettant tout ſur la
puiſſance infinie de Dieu , je me
ſoûmets à croire tout ſimplement
que ce même Corps avec les qualitez de Corps nous eſt donné dans
le S. Sacrement, & il me ſuffit qu'il
n'y ait en cela aucune contradiction
évidente.

Plût à Dieu qu'on en eût toûjours uſé de même ; nous ne ver-
rions point tant de Sectes, ni d'He-
reſies differentes! Pour moy, Monſieur, je vous demande quartier,
& vous prie de ne m'obliger point
davantage à me défendre ; il y a
long-temps que je suis perſuadé
que quelques moyens que nous

D 4

puiſ-

puissions prendre pour tâcher d'expliquer les Mysteres, l'intelligence
humaine se trouve toûjours courte, & si j'en ay proposé un, ce n'est
pas, comme j'ay protesté, que je
voulusse m'opiniâtrer à le soûtenir;
car j'y vois toûjours de fort grands
inconveniens; mais j'ay voulu seulement vous faire voir que dans celuy de la Penetration que vous te-
nez avec tant d'attachement, il y
en a du moins d'aussi grands, s'il
n'est même absolument impossible, & qu'ainsi la chose n'étant pas
d'ailleurs déterminée, vous ne deviez pas par là prétendre ruiner nôtre Philosophie, & nous faire declarer Heretiques : Ce sont des
Mysteres, c'est tout dire, c'est
Dieu, ou Eglise son infaillible
Interprete qui nous les propose;
croyons-les sans tant d'explication;
adorons-les, & soûmettons-nous-
y aveuglement, ne nous risquant
jamais à déterminer absolument
du

du sens des Saintes Ecritures, ou
de la pensée des Conciles quand il
peut y avoir la moindre difficulté;
& du reste à l'égard des accidens,
& de l'essence de la matiere , si
vous m'en croyez, nous en laisse-
rons disputer les Philosophes entr'eux, pourvû qu'ils parlent avec
la moderation , & la soûmission
Chrêtienne que j'ay marquée.
Mais voulez-vous sçavoir ce que
vous auriez pû avec bien plus de
raison reprendre dans Descartes ?
Je m'en vas vous en toucher quelque chose, quand ce ne seroit que
pour divertir un peu le Lecteur,
& luy faire voir le tort que vous
faites aux Gassendistes de ne les
pas distinguer davantage des Cartesiens.

Selon Descartes tout est necessairement plein, & le vuide implique contradiction, ce sont ses propres termes, comme il implique
qu'une montagne soit sans vallée :

 Cela

Cela étant il est aisé de voir que selon luy le Monde doit donc être
éternel , de crainte qu'avant sa
création il n'y ait eu des espaces
vuides ; qu'il doit être immense ,
ou infiniment étendu de toutes
parts , de crainte qu'au delà du
Monde il n'y ait du vuide ; & enfin
qu'il doit être indépendant de
Dieu , de crainte que si Dieu en
pouvoit détruire la moindre partie,
il ne se pût faire quelque vuide.
Mais attendez , je pourrois bien me
tromper, Descartes est plus subtil
que toutes les Ecoles ; son Monde
n'est ni fini, ni infini , mais *indefini*,
de même que le nombre des Étoi-
les n'est ni pair , ni impair , mais
indepair : Comme si entre deux
contradictoires, entre fini, & infini il y avoit un milieu ? en voici
un autre qui regarde ensemble la
Philosophie, & la Theologie, &
qui sans doute surprendra la Poste-
rité.

Les

Les Bêtes selon la Philosophie Cartesiene, ne sont que de pures Machines insensibles , comme pourroit être une Montre, un Automate, un Tournebroche, voilà ce qu'il faut croire pour être Cartesien. Un Chien fera cent caresses à son Maître , & aboyera aprés l'Etranger ; cachera secrettement en terre un os qu'il ira retrouver le lendemain ; retournera sur ses pas, au lieu de s'arrêter, quand par mégarde il aura enfilé une autre route route que le Lièvre ; fera un arrest devant le Chasseur, & luy montrera la Perdrix ; viendra en se traînant, & en tremblant recevoir le châtiment quand il aura manqué ; se laissera mourir de faim , & de tristesse sur la fosse de son Maître ! Une Perdrix fera l'estropiée pour sauver ses petits ! Les Fourmis rongeront le grain en un certain endroit de peur qu'il ne germe ! Les Abeilles suivront & reconnoîtront

 leur

leur Reine , ramaſſeront le miel
pour leur proviſion , & bâtiront
leurs petites maiſons avec une in-
duſtrie , & une ſimmetric toute
admirable ! Les Caſtors dans l'A-
merique couperont des arbres , &
amoucelèront des branches , des
herbes , & de la terre pour faire des
Chauſſées , & des Etangs ! Et tout
cela ſe fera ſans connoiſſance , &
ſans diſcernement , ſans fin , ſans
deſſein , ſans prévoyance , & ſans
ſentiment ? Et il ſe trouvera des eſprits aſſez faciles pour donner dans
une telle extravagance ? Et l'on ne
croira pas , ce que j'ay remarqué
depuis long-temps , que la Philoſophie gâte ſouvent le bon ſens &
la raiſon ? Cependant c'eſt ſur cette doctrine que Deſcartes fonde la
Spiritualité , & l'Immortalité de
l'Ame humaine , tâchant d'affoiblir autant qu'il luy eſt poſſible, les
raiſons qui juſques à preſent en ont
paſſé pour des preuves inconteſta-
bles.

bles. Admirable fondement de la
plus importante verité du Christianisme : *Les Bêtes ne sentent point* !
Admirable Dogme pour être mis
entre les Articles de nôtre Foy !
Ecoûtez celuy-ci.

Vous croiriez, peut-être, que
ce qui a persuadé Monsieur Descartes de l'Existence de Dieu, soit
la beauté, la grandeur, l'ordre, le
mouvement, la constance, l'utili-
té, & le rapport mutuel des prin-
cipales parties du Monde, en sorte
que les Créatures luy ayent servi
comme de degrez pour parvenir à
la connoissance du Créateur, selon
les paroles de l'Apôtre, *Invisibilia
Dei per ea quæ facta sunt intellecta
conspiciuntur* ? Tout cela selon
Descartes étoit peu de chose, nous
avions besoin de cette Demonstra-
tion qu'il nous a enfin tiré de la
profondeur de ses Meditations, la
voici. Nous avons, dit-il, une
idée claire, & évidente d'un Etre
tres-

tres-parfait, d'un Etre Tout-puis-
fant, tout bon, infini, immenfe,
&c. Or cette idée ne vient point
de nous; nos fens, nôtre efprit, &
nôtre raifonnement étant trop
groffiers, & trop bornez pour cela ; elle ne peut donc venir que de
Dieu qui nous l'a imprimée dés le
ventre de nôtre mere ; & voilà par
confequent Dieu qui exifte, &
dont l'Exiftence eft felon Defcartes prouvée demonftrativement :
de forte que fi quelqu'un ne fe fou-
vient pas qu'il ait penfé à Dieu dés
le ventre de fa mere, tant pis pour
luy, les Cartefiens s'en fouvien-
nent tres-bien. Voilà, Monfieur,
ce qu'on appelle une Demonftra-
tion à la Cartefiene, & une verité
dont la Philofophie, & la Theologie fera à jamais obligée au grand
Defcartes. Ce n'eft pas tout, voici
ce que l'on peut dire être de la plus
fine Philofophie, & de la plus fine
Theologie.

Lors

Lors que vous pouſſez une boule ſur un Billar, vous croiriez peut-
être auſſi que ce ſoit vôtre boule
qui pouſſe celle qu'elle rencontre,
& qui la met en mouvement ? Ce
n'eſt point cela ; chez Deſcartes,
& les Carteſiens, c'eſt une erreur
groſſiere, & indigne d'un Philoſophe, & d'un veritable Theologien : C'eſt Dieu qui à l'occaſion
ſeule de la boule rencontrante,
met la boule rencontrée en mouvement : Tout ce qu'il y a de cauſes
au Monde ne ſont que de purs in-
ſtrumens, elles ne concourent à
nulle action, & ne font quoy que
ce ſoit, ſi ce n'eſt *occaſionaliter* :
C'eſt Dieu ſeul ſelon Deſcartes
qui agit, & qui fait tout ; & cependant Dieu ſeul ſelon luy n'eſt
point Auteur du mal ; la Theologie Carteſiene ſçait tres-bien aju-
ſter tout cela. Pour moy, je ne ſuis
pas aſſez Theologien pour cela,
& je ne vois point comment les
Car-

Cartesiens puissent se tirer d'un si mauvais pas, tant à l'égard de la Philosophie ; puis que ce sera donc toûjours, comme on dit, *Deus in machina* ; qu'à l'égard de la Theologie , puis qu'ils semblent faire Dieu indifferemment Auteur du bien , & du mal.

Je ne sçay si je dois ajoûter que les Cartesiens ne reconnoissent point de veritable liberté , & qu'ils tiennent que le Libre-Arbitre consiste, non pas dans l'indifference, ou dans le pouvoir de faire, ou de ne faire pas, mais dans le *Volontaire*, c'est à dire dans une certaine pente necessaire , qui fait qu'on agit sans qu'on puisse s'empêcher d'agir , ou qu'on n'agit pas sans qu'on soit en pouvoir d'agir. Car aprés avoir vû les maux qu'une semblable Opinion cause dans toute l'Asie entre les Nations qui sont entêtées de Predestination, je ne sçaurois y penser qu'avec horreur.

Quoy ,

Quoy , ay - je dit quelquefois en moy-même , seroit-il bien possible qu'il y eût jamais eu un homme qui dés le ventre de sa mere eût été as-sez malheureux pour être de telle maniere reprouvé, & abandonné de Dieu que dans tout le cours de sa vie il n'eût pas les graces , les aides, les connoissances suffisantes pourse sauver, & qu'il ne fût jamais en pou-voir de demander pardon à Dieu, de se repentir, de faire la moindre action meritoire ? Effrayante pen-sée ! Y a-t-il rien qui soit plus capa-ble de jetter les hommes dans le desespoir, ou de les faire abandon-ner à toutes sortes de vices , & de crimes? Et peut-on bien par princi-pe de Religion avoir des sentimens tellement repugnans à une bonté infinie , & tellement repugnans à toute Religion ? Je n'en diray pas davantage , j'ay tout dit en trois mots, lors que parlant de cette do-ctrine dans mon Traité de laLiber-té,

té, je l'ay nommée aprés un Auteur
Persan, l'*Eponge de toutes les Reli-*
gions, comme celle qui détruisant
la Liberté, les efface generalement
toutes.

Je ne sçay aussi si je vous dois dire que les Cartesiens à force de spe-
culer sur leur grand Principe, *Je*
pense, donc je suis, en sont enfin
venus, non seulement à croire qu'il
est bien plus aisé de démontrer
qu'il y ait des substances spirituelles, que des corporelles, mais à
douter s'il y ait aucun Corps dans
la Nature, & même à tenir plus
probable qu'il n'y en ait point, &
que tout ne soit qu'esprit; car comme cela sent un peu trop les Peti-
tes-Maisons, peut-être croiriez-
vous que ce ne seroit pas tout de
bon, & que ce ne seroit que pour
rire, quoy que j'en aye des témoignages d'Auteurs imprimez qu'il
ne me seroit pas difficile de nommer.

RE-

REPONSE DE M. ***

à une Lettre de ses Amis, touchant un Livre qui a pour titre : *Sentimens de* M. DESCARTES, *touchant l'Essence & les proprietez du corps opposez à la doctrine de l'Eglise, & conformes aux erreurs de* CALVIN *sur le sujet de l'Eucharistie,* Par LOUIS DE LA VILLE.

JE suis étrangement surpris que vous M. & vos amis, qui avez tout autant de bon sens & d'équité qu'on en peut desirer dans les meilleurs Juges, ne rendiez aucune justice à ceux qu'on veut appeller Cartesiens & Gassendistes. Un inconnu les insulte & les outrage, & vous entrez insensiblement dans sa passion, au lieu d'examiner s'il a raison. Il semble, pour parler comme *l'Auteur de la Recherche de la Verité,*

Verité, que l'imagination vive &
animée de M. de la Ville vous
ébranle en sa faveur, & qu'il ré-
pande dans vos esprits par ses manieres contagieuses un air de pré-
vention & d'injustice.

Lors qu'on voit un homme qui
porte sur le visage des marques
sensibles, qu'une passion le transporte, doit-on le croire sur sa parole ; principalement lors qu'il
mal-traite d'injures des personnes
de merite ? Comment donc vos
amis, qui, dites-vous, ont beaucoup de consideration pour *l'Auteur de la Recherche*, s'imaginent-
ils que M. de la Ville pourroit bien
avoir raison dans les erreurs qu'il
luy impose? Ne voyent-ils pas que
c'est un homme plein de fiel & d'a-
mertume, & que la colere transporte, ou du moins que c'est un esprit inquiet & broüillon, qui aime
le bruit & qui prend plaisir a en faire?

Pour

Pour moy, Monſieur, d'abord
que j'ay lû le titre ſeul du Livre de
M. de la Ville, il m'a ſemblé que
je voyois un furieux, qui meditoit
en luy-même les moyens d'exciter
des orages & des tempêtes : & lors
que j'ay lû ſon Epître & le reſte de
ſon Ouvrage, j'ay vû un homme ſi
tranſporté & ſi aveuglé de ſa paſſion, qu'il ne croyoit nullement de
faire ſervir la Religion à ſes interêts, ni de fournir aux ennemis de
la Foy des armes pour la combattre. Car vous ſçavez que Meſſieurs
les Auteurs ſe découvrent dans
leurs Ouvrages, & que les titres
ſeuls rendent tres-ſouvent l'image
& le caractere de ceux qui les ont
ajuſtez.

Il faut, Monſieur, que je prouve ce que j'avance, & que je faſſe à
vos amis quelque eſpece de confu-
ſion, de ce qu'ils ſe ſont laiſſez ſur-
prendre aux artifices de M. de la
Ville. Vous me diſpenſerez neanmoins

moins de répondre exactement à
tout son Ouvrage, car vous verrez
clairement par le peu que je vous
en rapporteray, que son Auteur ne
merite point de réponse.

Si vous faites, Monsieur, quelque réflexion sur le titre du Livre,
vous comprendrez déja qu'il ne
tiendra pas à l'Auteur que bien des
gens ne soient Heretiques, ou sou-
pçonnez d'heresie ; & si vous lisez
avec attention l'Epître qu'il adresse à Nosseigneurs les Evêques,
vous jugerez assez qu'il ne pense
qu'à les animer contre le phantôme ridicule d'une heresie imaginaire, duquel il couvre dans son Ouvrage tous ceux qui ne donnent pas
dans ses sentimens.

N'est-ce pas une chose étrange
qu'un homme masqué, sans commission & sans aveu, paroisse en
public au nom de *tous les Theologiens Catholiques*, & conjure nos
Seigneurs les Evêques de foudroyer
son

son phantôme , les affûrant que le *Saint Siege approuvera en ce point tout ce qu'ils feront* , & que le plus équitable des Rois entrant dans fa paffion , s'attend qu'ils la favorifent.

Penfez - vous , Monfieur , que fa Majefté qui travaille avec tant d'application & de bonté à reduire les Calviniftes , demande par un inconnu que Noffeigneurs les Evêques décident un point , qui ne peut qu'irriter les efprits , que le Concile de Trente affemblé contre les erreurs de Calvin n'a pas voulu décider ; & qui n'étant nullement fondée dans la Tradition, puis que les Peres y font formellement contraires , donneroit beaucoup d'avantage aux Heretiques?

Penfez-vous que le Souverain Pontife qui gouverne fi fagement l'Eglife , ait donné parole à Monfieur de la Ville , *qu'il approuvera tout ce que feront Noffeigneurs les Evê-*

Evêques contre les ennemis de cet Auteur.

Pensez-vous que tous les *Theologiens Catholiques* ayent donné commission à cet inconnu de solliciter chaudement la condamnation d'une opinion reçûë dans l'Eglise depuis son établissement? Pensez-vous que ce soit là le *vœu commun de toute la France* ? Ne voyez-vous pas que c'est un visionnaire qui s'attribuë toute sorte de droits , & qui s'imaginant entrer dans la confidence de sa Majesté, prévoir les desseins du Souverain Pontife , & renfermer en luy-même les vœux de toute la France & de tous les Theologiens Catholiques , assûrent Nosseigneurs les Evêques que tout ira bien de la part du Roy , du Pape & de tous les Theologiens , & qu'ils rendront un grand service à l'Eglise & à l'Etat , s'ils satisfont sa passion ridicule & extravagante.

Voilà

Voilà ce que j'ay à dire sur son Epi-
tre.

Je vas, Monsieur, examiner en
détail l'Avertissement au Lecteur,
que cet Auteur a mis à la tête de
son Ouvrage, afin de vous faire
mieux sentir quel est l'esprit qui le
pousse. Cet Avertissement renferme peu de paroles ; mais il renferme tant de marques de mauvaise
foy, d'ignorance, de témerité &
d'injustice, que je ne doute nullement que dans la suite vous ne
donnerez pas beaucoup de créance
à tout ce que l'Auteur avance dans
son Livre, contre les honnêtes gens
qu'il traduit en ridicules, & qu'il
veut faire passer pour Heretiques. Je
vous prie, Monsieur, de lire d'abord
cet Avertissement avec quelque attention.

Je suis obligé, dit-il, *de vous
avertir, mon cher Lecteur, qu'il
y a déja quelques années que j'ay
achevé cet Ouvrage, & que depuis*

E   *que*

que je l'ay achevé , la Providence
m'a occupé à tant d'autres choses,
que je n'ay ni eu le loisir de lire ce que
les Cartesiens ont pû faire depuis ce
temps-là , ni même la pensée de
m'informer s'ils ont fait quelque
chose. Il m'est seulement tombé entre les mains une troisiéme édition,
revüe & augmentée de la Recherche de la Verité , faite à Strasbourg
l'an 1677. qui m'engage à faire une
espece de reparation à celuy qui en
est l'Auteur ; car il est vray qu'il retracte dans cette troisiéme édition
une erreur qu'il avoit laissé glisser
dans la premiere sur le sujet du peché originel , & que je luy reproche
dans le Chapitre cinquiéme de la
premiere Partie de mon Livre. Mais
il est si vray qu'il est ou peu sçavant
en Theologie , ou fort temeraire,
qu'il n'a pû se dédire de cette erreur
sans en avancer deux autres. N'est-
ce pas une erreur de dire , qu'il est
absolument impossible qu'un enfant
naisse

naisse d'une mere pecheresse ou penitente qu'il ne naisse en peché? N'est-
ce pas encore un autre erreur de soûtenir que l'ame d'un enfant est delivrée pour quelque temps de la domination du corps, & qu'elle fait alors
un acte libre d'amour de Dieu, sans
lequel elle ne pourroit être justifiée?
Voilà ce que dit & soûtient l'Auteur de la Recherche de cette nouvelle édition. J'ay crû, mon cher
Lecteur, que je devois vous en donner avis.

Monsieur de la Ville rapporte
en suite un assez long passage de la
seconde Edition de la Recherche
de la Verité, qui commence : *Une
mere dont le cerveau est rempli de
traces*, &c. Et il finit par ces paroles : *Je ne m'arrêteray point ici à
combattre des erreurs, qui n'ont
point de rapport au sujet que je traite ; je le feray peut-être quelque jour :
pour maintenant j'en ay assez d'autres à combattre ; si l'on trouve que*

Ce Pas-
sage se
trouve
page
195. de
la 2. E-
dition.
P. 191.
de la 3.
P. 97.
de la 4.

je l'aye fait avec trop de chaleur, & que je me sois servi de quelques expressions un peu fortes contre M. Descartes, & ses Sectateurs, je proteste que ç'a été sans mauvais dessein, & que j'ay fait ce que j'ay pû pour garder toute la moderation que je devois, que je n'en veux qu'aux erreurs de ces Messieurs, & que j'ay pour leurs personnes beaucoup d'estime & de respect.

Voilà, Monsieur, ce que l'Auteur, par une honnêteté toute nouvelle, mais aussi malicieuse qu'extravagante, a crû devoir dire pour faire une espece de reparation à l'Auteur de la Recherche. Examinons, s'il vous plaît, pied à pied cet Avertissement.

MONSIEUR DE LA VILLE.

Je suis obligé de vous avertir, mon cher Lecteur, qu'il y a quelques années que j'ay achevé cet Ouvrage, & que depuis que je l'ay achevé, vé, *la divine Providence m'a occu-pé à tant d'autres choses, que je n'ay ni eu le loisir de lire ce que les Carte-siens ont pû faire pendant ce temps-là, ni même la pensée de m'informer s'ils ont fait quelque chose.*

Monsieur de la Ville ne devoit-il pas avoir ce respect pour le pu-blic, de s'instruire luy-même exa-ctement des sentimens de ceux qu'il appelle Cartesiens, avant que d'en instruire le monde : Et pensez-vous Monsieur, qu'il ait été obligé d'a-vertir son cher Lecteur, *que la di-vine Providence l'avoit occupé pen-dant quelques années à tant d'autres choses, qu'il n'avoit pas eu le loisir de lire ce que les Cartesiens avoient pû faire depuis ce temps-là, ni même la pensée de s'informer s'ils avoient fait quelque chose.*

Si la divine Providence l'a tant occupé qu'il n'a pas seulement eu la pensée de s'informer de l'état present de la Philosophie Carte-

sienne,

sienne, y a-t-il quelque apparence que cette même Providence l'ait suscité pour la combattre ? N'est-ce pas luy qui s'érige en Censeur sans penser serieusement à ce qu'il va faire, & qui abandonne fort mal à propos sa vocation legitime ? Vocation, Monsieur, si particuliere & si miraculeuse, que luy faisant oublier ses études precedentes, & les Cartesiens contre lesquels neanmoins il avoit déja composé son Livre, il n'avoit pas *en la pensée de s'informer s'ils avoient fait quelque chose de nouveau.* Ce début n'est-il pas bien juste & bien judicieux ?

MONSIEUR DE LA VILLE.

Il m'est seulement tombé entre les mains une Troisiéme Edition, revûë & augmentée de la Recherche de la Verité, faite à Strasbourg l'an 1677. qui m'engage à faire une espece de reparation à celuy qui en est l'Auteur. Car il est vray qu'il retracte

retracte dans cette Troisiéme Edi-
tion , une erreur qu'il avoit laissé
glisser dans la Premiere sur le peché
originel , & que je luy reproche dans
le Chapitre cinquiéme de mon Li-
vre.

RE'PONSE.

Prenez le sens, Monsieur, sans
chicaner sur la construction ou sur
la maniere dont il s'exprime par ces
paroles : *Il m'est tombé entre les*
mains une Troisiéme Edition , re-
vûë & augmentée de la Recherche
de la Verité , &c. Ce n'est pas un
crime que de prendre une édition
pour un volume , & que de mal ar-
ranger de bons termes. Mais c'est
un crime contre les Loix de la Societé Civile, c'est une conduite contraire à la charité & à la justice que
l'on doit au dernier des hommes,
que la prétenduë réparation qu'il
fait à l'Auteur de la Recherche , en
ces termes : *Il est vray qu'il retracte*

dans cette Troiſiéme Edition une er-
reur , &c.

Car premierement, il n'eſt point vray que l'Auteur de la Recherche ait retraⅽté l'erreur imaginaire que Monſieur de la Ville a combattuë dans le cinquiéme Chapitre de la premiere Partie de ſon Livre.

Pag. 90   2. Il eſt faux que l'erreur que mondit ſieur de la Ville qualiſie de *tres-pernicieuſe* ſoit même une opinion particuliere. Je prouve ces deux choſes.

Pag. 90 & 91.   L'erreur prétenduë ſur le peché originel, laquelle Monſieur de la Ville combat dans le cinquiéme Chapitre de la premiere Partie de ſon Livre, conſiſte dans cette propoſition extraite de la Recherche de la Verité. *Il y a grande apparence que le regne de la concupiſcence, ou la victoire de la concupiſcence, eſt ce qu'on appelle peché originel dans les enfans , & peché actuel dans les hommes libres.* Or ces mêmes

mêmes paroles, & tout ce que Monsieur de la Ville rapporte sur le peché originel dans le cinquiéme Chapitre de la premiere Partie de son Livre, se trouve en mêmes termes dans les quatre Editions, & même dans l'Edition de Strasbourg qui se sont faites à Paris. Donc il n'est pas vray que l'Auteur de la Recherche se soit retracté de sa prétenduë erreur. *Dans sa premiere Edition p. 172. dans la 2. p. 190 dans la 3. p. 187 dans la 4. p. 95. Page 190.*

Je soûtiens en second lieu, que tant s'en faut que l'erreur prétenduë soit une erreur & *une erreur tres-pernicieuse*, ainsi que Monsieur de la Ville a eu la témerité de l'avancer, qu'au contraire c'est un sentiment qu'on enseigne ordinairement dans les Ecoles. Saint Augustin est de tous les Peres celuy qui a le mieux connu le peché originel. Cependant il dit en plusieurs endroits la même chose que l'Auteur de la Recherche : *Si autem quæritur si ista concupiscentia carnis* *Livre 1. de Nuptiis & concupiscentia, ch. 25.*

in

in parente baptisato potest esse , & peccatum non esse, cur eadem ipsa in prole peccatum sit. Ad hæc respondemus dimitti concupiscentiam carnis , non ut non sit , sed ut in peccatum non imputetur. Il assûre que la concupiscence de la chair est peché dans les enfans , & qu'elle est pardonnée dans le Baptême. Il dit en cent endroits la même chose dans les Livres qu'il a faits contre Julien.

Si Monsieur de la Ville prétend qu'il n'est pas obligé de sçavoir son Saint Augustin , je l'en dispense : mais il devroit du moins avoir lû son Estius, avant que de qualifier d'erreur *tres-pernicieuse* les sentimens qui le choquent. Il auroit vû que cet Auteur qui est entre les mains de tous ceux qui étudient en Theologie , enseigne que la concupiscence est le peché originel, & qu'il le prouve par l'Ecriture, par Saint Augustin & par le Concile de Trente.

In lib. 2.
sent.
dist. 30.
§. 80.
Sess. 5.
Can. 5.

Trente. En effet le Concile enfei-
gnant, aprés Saint Auguftin, que
la concupifcence n'eft point peché
dans ceux qui font regenerez par
le Baptême ; il fait affez comprendre , aprés le même Saint Auguftin, qu'elle eft peché dans les enfans qui ne font point baptifez ;
parce qu'alors elle eft feule dans
leur cœur , qu'elle y domine &
qu'elle le détourne du fouverain
bien pour l'attacher aux créatures.
Mais l'Auteur de la Recherche a
expliqué admirablement ces veritez dans le Chapitre même que cite Monfieur de la Ville , & principalement dans les éclairciffemens
qui y répondent, que ce Critique
devoit avoir lûs avant que d'écrire. Au refte l'Auteur de la Recherche n'a jamais prétendu que la
concupifcence , prife feulement
pour l'effort, que le corps fait fur
l'efprit, fut la même chofe que le
peché originel : il dit le contraire

E 6　　　dans

dans la page même que cite Monsieur de la Ville. S'il etoit necessaire, je vous trouverois plusieurs autres Theologiens , qui aprés le Maître des Sentences, ont avancé la même chose que l'Auteur de la Recherche : Mais cela suffit pour vous faire demeurer d'accord que Monsieur de la Ville ne sçait pas trop bien qualifier les propositions, & qu'il n'a point dû nommer *erreur tres-pernicieuse* , ni donner pour exemple d'une *Theologie extravagante* un sentiment tres-Ortodoxe, & tres-clairement prouvé par l'Auteur de la Recherche.

MONSIEUR DE LA VILLE.

Mais il est si vray, qu'il est ou peu sçavant en Theologie ou fort temeraire, qu'il n'a pû se dédire de cette erreur sans en avancer deux autres. N'est-ce pas une erreur de dire , qu'il est absolument impossible qu'un enfant naisse d'une mere peche-

pecheresse ou penitente, qu'il ne naiſſe pecheur.

REPONSE.

Je vous avouë , Monſieur, que
je ne ſçay comment nommer ce
que Monſieur de la Ville appelle
eſpece de réparation. Impoſer fauſ-
ſement à un Theologien qu'il s'eſt
retracté d'une erreur pernicieuſe ;
& afin de le traiter de peu ſçavant
en Theologie , & de temeraire,
luy en impoſer encore deux autres,
& les ſubſtituer malicieuſement à
la place de la premiere, c'eſt une
malignité & une mauvaiſe foy qui
n'a peut-être point d'exemple. S'il
y a de l'erreur dans cette propoſition , *il eſt abſolument impoſſible*
qu'un enfant naiſſe d'une mere pe-
chereſſe ou penitente qu'il ne naiſſe
en peché , ce n'eſt que dans ces paroles , *il eſt abſolument impoſſible.*
Or ces paroles ſont de la façon de
Monſieur de la Ville ; ni ces paro-

les

les , ni l'équivalent ne se trouve-
ront point dans la Recherche de la
Verité , c'étoit à Monsieur de la
Ville à citer l'endroit où il a vû ces
mots ; car quoy que j'aye lû plusieurs fois ce Livre , je n'y ay rien
trouvé de semblable ni même qui
en approchât. Comme cette proposition est énoncée dans cet Ouvrage , tant s'en faut que ce soit une
erreur , que le contraire est une heresie. Car c'est la créance de l'E-
glise que les enfans des meres pe-
nitentes naissent avec le peché originel , aussi bien que les enfans des
meres pecheresses. L'Auteur de la
Recherche prouve parfaitement
bien , que supposé la communica-
tion du cerveau de la mere avec celuy de l'enfant , & les loix de l'u-
nion de l'ame & du corps , la mere
communique necessairement à son
enfant le peché originel , bien qu'elle soit juste on penitente , ce qui est
la créance de l'Eglise ; & Monsieur
de

de la Ville par une *espece de répa-*
ration bien Chrêtienne, ajoûte *un*
absolument impossible, pour en faire une erreur veritable, qu'il puisse substituer à la place d'un erreur
imaginaire qu'il pretend qu'on a re-
tractée. Voyons, Monsieur, la seconde erreur substituée.

MONSIEUR DE LA VILLE.

N'est-ce pas encore une autre er-
reur de soûtenir que l'ame des enfans
est delivrée dans le Baptême pour
quelque temps de la domination du
corps, & qu'elle fait un acte libre
d'amour de Dieu ; sans lequel elle
ne pourroit être justifiée ? Voilà ce
que dit & ce que soûtient l'Auteur
de la Recherche de cette nouvelle
Edition. J'ay crû, mon cher Le-
Eteur, que je devois vous en donner
avis.

RE'PONSE.

Le cher Lecteur qui lira l'avis
cha-

charitable de Monſieur de la Ville, prendra garde peut-être que ces paroles eſſencielles *ſans lequel elle ne pourroit être juſtifiée*, ont été inſpirées à cet Auteur par l'eſprit de charité & de douceur, qui l'a porté à faire cette eſpece extraordinaire de reparation. L'Auteur de la Recherche dans le Paſſage même que Monſieur de la Ville ne devoit pas rapporter pour ſon honneur, donne une alternative, il dit : *Mais lors que les enfans ont été juſtifiez ou par une diſpoſition de cœur ſemblable à celle qui demeure dans les juſtes durant les illuſions de la nuit, ou plûtôt par un acte libre d'amour de Dieu, &c.* Et Monſieur de la Ville laiſſant là l'alternative, ajoûte encore pour fabriquer ſon erreur ces paroles, *ſans lequel elle ne pourroit être juſtifiée.* Il trouve ainſi ſon conte, & verifie par cette plaiſante penſée, *que l'Auteur de la Recherche eſt ſi peu*

peu sçavant en *Theologie*, & *si temeraire qu'il n'a pû se dédire d'une
erreur sans en avancer deux autres.*

Aprés cela, il proteste que *s'il
s'est servi de quelques expressions
un peu fortes contre Monsieur Descartes & ses Sectateurs, ç a été sans
mauvais dessein, & qu'il a fait ce
qu'il a pû pour garder toute la moderation possible.*

Fiez - vous donc , Monsieur, à
la bonne foy & sur la capacité de
Monsieur de la Ville. Ces pensées sont aussi solides qu'elles sont
agreables. Il a fait un Avertissement exprés pour s'acquitter d'une
obligation qui faisoit quelque peine à la delicatesse de sa conscience,
& qui étoit contraire à la sincerité
& à l'amour de la verité qui luy
est si naturel. Ainsi ne craignez
point d'entrer dans le même zele
qui le transporte , & suivez avec
plaisir les impressions que fait sur
vôtre esprit & dans vôtre cœur son

ima-

imagination agreable. Je puis vous
aſſûrer que le reſte de ſon Ouvrage eſt auſſi judicieux & auſſi ſincere
que les deux pages que vous venez
de voir. Mais je n'ay pas le loiſir
de vous en entretenir fort au long.
Je ne croy pas même qu'il ſoit à
propos, que ni l'Auteur de la Recherche, ni Meſſieurs Clercelier,
Caïlli, Bernier, ni aucun autre,
reſiſte aux ſentimens de Monſieur
de la Ville ; car il n'y a rien à répondre aux déciſions du Concile de
Trente de l'édition de Strasbourg,
que cet Auteur rapporte dans le ſecond Chapitre de la deuxiéme Partie de ſon Ouvrage. Il ne ſuffit
plus de croire que Jeſus Chriſt tout
entier ; c'eſt à dire ſon Corps & ſon
Sang, ſon Ame & ſa Divinité, ſoit
réellement & ſubſtanciellement
dans chaque partie d'une Hoſtie
conſacrée, comme le décide le
Concile de Trente dans toutes les
Editions qu'on a faites à Paris, à
Rome

(115)

Rome & en plusieurs autres lieux.
Il faut encore croire selon l'Edition faite à Strasbourg ou en quelque autre Ville d'Alemagne ; car
comment Monsieur de la Ville au-
roit-il la hardiesse d'imposer au public, en une matiere si importante, qu'il est de foy que le Corps de
Jesus Christ, est dans l'Eucharistie
sans aucune étenduë, & que la tête, les pieds & toutes les parties
qui composent ce Sacré Corps y
sont reduites, non en un point
Physique, comme le voudroient
bien les Cartesiens, mais en un
point Mathematique.

Il ne suffit plus de dire avec le
Concile de Trente.

Si quis negaverit, in sanctissimo *Sess. 13.*
Eucharistiæ Sacramento contineri *c. 1. De*
vere, realiter & substantialiter *Sacro-*
corpus & sanguinem, una cum ani- *sancto*
ma & divinitate Domini nostri *Eucha-*
Jesu Christi, ac proinde totum *ristiæ.*
Christum, sed dixerit tantummodo *Sacram*
         esse *c. 1.*
           Can. 2.

esse in eo ut in signo, vel figura, aut
virtute, anathema sit.

Si quis dixerit, in Sacrosancto
Eucharistiæ Sacramento remanere
substantiam panis & vini, una cum
corpore & sanguine Domini nostri
Jesu Christi; negaveritque mira-
bilem illam, & singularem conversionem totius substantiæ panis
in corpus & totius substantiæ vini
in sanguinem, manentibus dumta-
xat speciebus panis & vini; quam
quidem conversionem Catholica Ec-
clesia, transsubstantiationem appel-
lat, anathema sit.

Can. 3. Si quis negaverit, in vene abili
Sacramento Eucharistiæ sub una-
quaque specie, & sub singulis cujusque speciei partibus, separatione
facta, totum Christum contineri,
anathema sit.

Can. 8. Si quis dixerit, Christum in Eu-
charistia exhibitum, spiritualiter
tantum manducari, & non etiam
sacramentaliter ac realiter, anathema sit.   II

Il faut encore pour être Catholique croire avec Monsieur de la Ville.

1. *Que la Doctrine du Concile est, que le Corps de Jesus Christ dans l'Eucharistie, perd beaucoup de son étenduë, sans rien perdre de sa substance.*

2. *Que la Doctrine du Concile est, que les parties du Corps de Jesus Christ, sont toutes penetrées les unes dans les autres, sous les especes du pain & du vin.*

3. *Que la Doctrine du Concile est, que le Corps de Jesus Christ, est sans étenduë dans le Saint Sacrement de l'Autel, & que par consequent l'essence du Corps ne consiste par dans l'étenduë.*

4. *Que la Doctrine des Peres du Concile est, qu'ils conçoivent le Corps de Jesus Christ dans l'Eucharistie, sans y concevoir l'étenduë propre du Corps de Jesus Christ, & par consequent l'idée du Corps selon les*

Seconde Partie c. 2. p. 107 & 108.

les Peres du Concile, n'est pas la même que l'idée de son étenduë.

5. *Que la Doctrine des Peres
du Concile est, que le Corps de Jesus Christ qu'ils conçoivent sans son
étenduë dans l'Eucharistie, est un
veritable Corps : & ainsi que quand
ils le conçoivent de la sorte, ils conçoivent quelque chose de réel, &
que ce qu'ils conçoivent neanmoins
n'est pas un esprit.*

Voilà, Monsieur, les nouveaux
Articles de Foy que Monsieur de
la Ville demande que les Cartesiens croyent pour être Catholiques, & qu'il ne peut avoir lûs que
dans quelque Edition du Concile
de Trente faite à Strasbourg. Pour
moy qui n'ay vû que les Editions
qui sont ici entre les mains de tout
le monde, je ne pense pas que vous
me fassiez un crime de ne vouloir
pas croire aveuglement ces nouvelles décisions. Neanmoins je vous
avouë que l'assûrance avec laquelle
Mon-

Monsieur de la Ville en parle; m'a donné quelque scrupule , & que j'ay crû ne devoir rien obmettre pour m'éclaircir de la verité.

Pour cela il m'a semblé que la voye la plus courte & la plus sûre pour sçavoir au vray à quoy je m'en devois tenir , c'étoit de consulter *l'Exposition de la Doctrine de l'Eglise Catholique sur les matieres de Controverse.* C'est l'Ouvrage d'un des plus sçavans Prelats qui ayent jamais été dans l'Eglise, Ouvrage qui a été approuvé par un grand nombre d'Evêques, admiré de toute l'Europe , & si estimé par le Souverain Pontife, qu'il l'a fait traduire en toutes sortes de Langues, pour servir de regles à tous les Catholiques, dans toutes les matieres contestées par les Heretiques du dernier Siecle. Mais quoy que la Doctrine de l'Eglise Catholique soit expliquée dans ce Livre avec une netteté & une exactitude admirable,

V. Expofit. de la Doctrine, &c. depuis la page 79. jusques à la page 158.

mirable , je n'y ay point trouvé tous
ces nouveaux Dogmes que Monsieur de la Ville debite avec tant de
hardiesse comme la veritable Doctrine du Concile de Trente , &
qu'il compare avec celle de Monsieur Descartes , pour avoir quelque pretexte de la traiter d'heretique.

Aprés cela , Monsieur , quand
Monsieur de la Ville auroit trouvé
cette nouvelle Doctrine dans quelque Edition du Concile de Trente
qui m'est inconnuë , croiriez-vous
que les Cartesiens ne fussent pas reçûs à s'inscrire en faux contre cette
prétenduë Edition.

Vous n'avez pas de peine , dites-vous , à vous persuader que le
Concile n'a rien décidé de tous ces
nouveaux Dogmes en termes for-
mels , mais vous doutez , s'il ne
les a point défini du moins conse-
quemment. C'est un langage que
Monsieur de la Ville tient en de
certains

certains endroits de ſon Livre ; Car lors qu'il eſt un peu moins agité de la paſſion qui le tranſporte , il ne peut s'empêcher de demeurer d'accord que l'Egliſe n'a pas condamné poſitivement l'opinion de Monſieur Deſcartes. Mais ne m'avouërez-vous pas qu'il faut être d'un eſprit fort emporté & fort ſeditieux pour former une accuſation d'hereſie contre des Philoſophes & des Theologiens tres-Ortodoxes , ſur des conſequences imaginaires qu'ils ont toûjours deſavoüées & condamnées.

Les Carteſiens & les Gaſſendiſtes ont ſans doute autant de raiſon de croire que l'eſſence du corps en general conſiſte dans l'étenduë, que n'en ont à le nier les nouveaux Ariſtoteliciens. Car il n'eſt nullement vray-ſemblable que ſi Dieu avoit détruit toute l'étenduë du monde, que la Terre & les Cieux , en un mot tous les corps créez pourroient encore subsister avec toutes leurs parties essencielles dans un point purement Mathematique, ainsi que le croyent ces Philosophes. Mais outre la raison, les Cartesiens ont encore l'autorité des Peres & la tradition de l'Eglise ; ainsi qu'on pourra vous l'expliquer quelque jour s'il est necessaire.

Car lors que Saint Augustin, par exemple, veut prouver que la nature de Dieu, & de l'ame de l'homme n'est point corporelle, il parle toûjours conformement à l'idée du corps qu'ont les Cartesiens, & jamais selon l'idée qu'en a Monsieur de la Ville & les nouveaux Aristoteliciens. *Spatia locorum*, dit-il, *tolle corporibus, nusquam erunt, & quia nusquam erunt, nec erunt.* Il dit la même chose en cent endroits ; & je défie Monsieur de la Ville de trouver qu'aucun Pere dise

V S.
Aug. Ep
57. c. 6.
De Ge-
nesi ad
litt. l.
7. c. 22
l. 83.
qu. 51.
l. 10. de Trinitate c. 7. Contra Epist. Manichei c. 16.
l. 4. De origine anima c. 12. l. de hær. 88.

dife positivement que le corps d'un
Homme puisse être reduit en un
point Mathematique, & demeurer
encore corps humain, c'est à dire
corps organisé. La raison & la tradition font donc pour ceux à qui on
veut donner le nom de Cartesiens.
Cependant si ces Philosophes ac-
cusoient Monsieur de la Ville de
favoriser le parti de Calvin, & de
dire comme les Heretiques, que
le Corps de Jesus Christ est dans
l'Eucharistie, mais fans son etenduë, & par consequent fans son
essence. S'ils le mettoient fans cesse en paralelle avec les Heretiques,
à cause que selon le sentiment de
Descartes, conforme à la tradition
& à la raison, on pourroit dire que
Monsieur de la Ville ne croit pas
la réalité, puis qu'il dit de bouche
comme les Heretiques, que le
Corps de Jesus Christ est dans
l'Eucharistie, mais qu'il le dé-
poüille de fa substance ou de son

F 2　　　éten-

étenduë. En un mot , s'ils traitoient
Monsieur de la Ville , comme
Monsieur de la Ville les traite,
quoy qu'ils eussent plus de raison
que luy , ils seroient injustes de luy
faire un crime d'une opinion de
Philosophie , quelque Heretiques
qu'en pûssent être les consequences ; parce que Monsieur de la Ville ne demeure pas d'accord de ces
consequences , ainsi que les Heretiques.

Jugez donc , par là , de la témerité & de l'injustice de Monsieur
de la Ville , qui pour satisfaire sa
passion ou sa malignité , fait un crime aux Cartesiens , sur des consequences qu'ils détestent comme des
heresies.

Je vous envoye, Monsieur, un
Memoire pour expliquer la possibilité de la Transsubstanciation
qu'un de mes amis m'a communiqué. Je ne vous assûre pas que vous
deviez tout à fait vous en tenir à ce
qu'il

qu'il dit, ou croire que ces explications soient les veritables. Je ne
vous les envoyerois pas même si la
disposition où sont vos amis ne m'o-
bligeoit à cela. Mais en fait de manieres, celles - là en valent peut-
être bien d'autres, quoy qu'apparemment on en puisse trouver de
meilleures. Nous devrions, Monsieur, imiter la simplicité de nos
Peres, conserver les avantages que
la Tradition nous donne sur les
Heretiques, & ne pas les combattre avec armes pareilles, je veux
dire avec la raison qui leur est commune avec nous. Nous devrions
nous unir dans les mêmes sentimens de la Foy, nous arrêter pré-
cisément aux définitions de l'Eglise, & ne pas dominer injustement
sur les esprits; Car ajoûter à la Foy,
ou obliger à croire des opinions de
Philosophie ; fussent - elles tres-
claires & tres-conformes à la raison, n'est pas un moindre crime,

F 3

que

que de retrancher quelque Dogme
défini par un Concile œcumenique.

MEMOIRE
*Pour expliquer la possibilité de la
Transsubstanciation.*

Dieu ne conserve sans cesse ce
qu'il a fait, que parce qu'il
veut sans cesse ce qu'il a voulu. Car,
si Dieu cessoit un seul moment de
vouloir ce qu'il a voulu, il cesseroit
dans ce moment de faire ou de conserver ce qu'il a fait.

Un être que Dieu conserve durant trois minutes non interrompuës, est toûjours le même dans la
premiere & dans la derniere : ce
n'est point un être semblable. La
raison de ceci est, que Dieu conserve un même être, & n'en produit
point un semblable lors qu'il veut
produire un même être.

Un être que Dieu conserve durant

rant la premiere minute, que Dieu
cefferoit de vouloir, ou qu'il ne
conferveroit point durant la fecon-
de, & qu'il voudroit reproduire
durant la troifiéme, feroit toûjours
le même être, que fi Dieu l'avoit
confervé durant trois minutes non
interrompuës : En voici la preuve.

Dieu a la même volonté dans la
troifiéme minute interrompuë, que
dans la troifiéme minute non interrompuë : Il veut dans l'une comme dans l'autre, produire le même
être & non un femblable : Donc il
ne produit que le même être : la
même caufalité, la volonté de produire une même chofe, ne pouvant
produire qu'une même chofe. Autrement on pourroit dire qu'un
corps confervé, ou reproduit fans
ceffe, ne feroit point un même
corps, mais un ombre infini de
corps qui fe reffemblent.

Dieu ne diminuë pas fon pouvoir par l'ufage qu'il en fait : car

fon

son pouvoir eſt infini : il s'étend generalement à tout ce que Dieu peut
vouloir. Or Dieu peut encore vouloir ce qu'il a ceſſé de vouloir : ou
bien (afin qu'on ne puiſſe chicaner) il n'y a point de contradiction
que Dieu , par une volonté éternelle & immuable , ait voulu une
même choſe pour des temps interrompus. Donc Dieu peut faire toute la même choſe qu'il auroit ceſſé
de faire. Ainſi un être reproduit eſt
le même que le produit , & non un
ſemblable; puis que Dieu a pû vouloir & qu'effectivement il a voulu
produire le même être & non un
ſemblable. Appliquons aux eſpaces
interrompus ce que je viens de dire
des temps interrompus.

Suppoſé que Dieu veüille qu'un
même être ſoit à Paris & à Rome,
je dis que l'être , qui eſt à Paris ſera
le même , que celuy qui eſt à Rome & non un ſemblable. Car la
même cauſalité , ou la volonté efficace

cace de produire la même chofe en deux lieux differens , ne peut pas produire deux chofes differentes en ces lieux. Si donc Dieu veut pro- duire à Paris & à Rome un même pied cube d'étenduë ; la fubftance ou l'effence de ce pied cube fera la même à Paris & à Rome.

Il eft vray que l'imagination & les fens s'oppofent ici à la raifon: car l'imagination & les fens ne pou- vant regarder les creatures dans la caufe qui les produit , mais feule- ment felon leur exiftence actuelle & locale, ils fuppofent deux êtres differens, lors qu'ils ont deux fen- timens differens. Car enfin , les yeux & l'imagination étant affectez de la même maniere par un même corps produit & reproduit , que par deux corps differens, ils jugent toûjours qu'il y a deux corps diffe- rens, par la même raifon que l'on juge ordinairement qu'il y a deux corps , lors que les yeux font fci-

tuez

tuez de maniere , qu'ils ont deux
efpeces d'un même corps ; ou lors
qu'on regarde un corps avec des
lunettes à facettes. Il eft donc certain que fuppofe que Dieu ait voulu que le même pied cube d'étenduë fût à Paris & à Rome , ces deux
pieds cubes doivent être les mêmes
en ces deux lieux.

Mais on dira peut - être que la
fuppofition eft impoffible , & que
Dieu ne peut pas vouloir ce qu'on
luy fait vouloir : à quoy je répons.

1. Que le fentiment , qui admet
la reproduction des êtres , eft une
opinion commune en Theologie.

2. Que c'eft à ceux , qui bor-
nent ainfi la puiffance de Dieu , à
démontrer , qu'il y a contradiction
que Dieu puiffe en un même temps
vouloir pour Rome , ce qu'il veut
pour Paris.

3. Je répons que fi Dieu ne
pouvoit encore faire , ou encore
vouloir ce qu'il a deja fait ou voulu ,

fon

son pouvoir seroit limité, il le per-
droit, lors qu'il s'en serviroit, ce
qui ne paroît pas vray-semblable.

Enfin je répons, que Dieu peut
vouloir tout ce qui se peut concevoir clairement & distinctement.
Or on conçoit clairement deux fois
ou mille fois une même étenduë.
Donc Dieu peut vouloir, & produire par consequent mille fois une
même étenduë.

Il faut maintenant prendre garde que ce qui est essenciel au corps
d'un homme est peut-être une certaine partie du cerveau auquel l'a-
me est immediatement unie. Il y a
bien des choses qui rendent cela
fort vray-semblable : comme par
exemple la douleur que sentent certaines personnes dans les bras &
dans les jambes qu'on leur a cou-
pées. Or cette partie essencielle est
apparemment tres-petite, & il n'y
a nulle contradition qu'elle soit
beaucoup plus petite qu'un grain

F 6   de

de fable. Ainfi cette partie étant reproduite fous les apparences du
pain, Jefus Chrift y fera veritablement tout entier, c'eft à dire fa
Divinité, fon Ame & fon Corps,
tout ce qui luy eft effenciel, & le
même qui eft dans le Ciel, & qui
eft né de la Vierge. Du moins il eft
certain que tout ceci eft poffible,
& l'on n'en demande pas davantage. Cependant fi cela ne fuffit pas
pour contenter les plus difficiles.
Voici une autre maniere à laquelle
il n'y a point, ce me femble, de re-
plique.

L'effence du corps en general eft
bien differente de l'effence du corps
en particulier. L'étenduë eft l'effence du corps en general, mais elle
ne le fut jamais à l'égard d'un corps
en particulier.

Si au lieu du pain d'un tel Bou-
lenger, je m'étois nourri d'un autre qui eût neanmoins toutes les
mêmes qualitez quoy que l'étenduë
fût

fût supposée differente, j'aurois certainement le même corps d'homme
quand même je n'aurois pas la même étenduë.

2. Si j'avois moins mangé , &
que je fuſſe moins gros ou moins
grand , j'aurois toûjours le même
corps d'homme , quoy que je n'euſ-
se pas tant d'étenduë.

3. Quand je n'avois qu'un an
j'avois le même corps que j'ay
màintenant. Le grand ou le petit
n'eſt donc point eſſenciel au corps.
Ainſi Dieu par ſa puiſſance infinie
peut mettre le Corps de Jeſus
Chriſt tout entier ſous la plus petite quantité. Car ce tout entier ſelon le Concile n'eſt pas la tête &
les pieds avec toute l'étenduë naturelle. Car ſelon le Concile , Jeſus Chriſt n'eſt pas dans l'Euchariſtie d'une maniere naturelle. Le
tout entier eſt comme il l'explique,
la Divinité , l'ame & le corps que
je croy neanmoins organiſé en tou-

tes

tes ses parties comme son corps naturel. Car c'est ce qui fait que le corps en general ou l'étenduë devient le Corps de Jesus Christ.

4. Le Corps de Jesus Christ dans le Ciel a plus d'étenduë que celuy qui etoit dans la Créche, & il n'a pas la même. Or les Peres disent que le Corps de Jesus Christ dans l'Eucharistie est le même qui est né de la Vierge aussi bien que celuy qui est dans le Ciel. Donc ils n'ont point d'égard à la même étenduë. En effet, on peut prouver que telle ou telle étenduë n'est nullement essencielle au corps; parce que l'étenduë est toûjours la même dans les corps les plus differens, comme l'unité est toûjours la même dans toutes sortes de nombres. Je prouve ceci.

Dieu

Nec enim inter se pugnant, ut ipse salvator noster semper ad dexteram Patris in cœlis assideat juxta modum existendi naturalem, & ut multis nihilominus aliis in locis sacramentaliter præsens sua substantia nobis adsit, ea existendi ratione quam etsi verbis exprimere vix possumus, possibilem tamen esse Deo, cogitatione per fidem illustrata assequi possumus, & constantissime credere debemus Conc. Trident. Sess. 13. c. 1.

Dieu fait & conserve par tout la même étenduë, s'il a la volonté de produire par tout la même étenduë. Car Dieu n'a pû vouloir faire que ce qu'il a conçû. Or il me semble que Dieu n'a point deux idées differentes d'étenduë. Car toute étenduë intelligible est par tout la même, du moins je n'y puis remarquer aucune difference. Donc, Dieu n'a pû vouloir, ni faire par consequent qu'une même étenduë. Donc ce qui fait la difference essencielle d'un corps en particulier d'avec un autre, n'est point l'étenduë, puis que toutes les parties de l'étenduë ne sont que la même reproduite autant qu'il a été necessaire pour faire le monde.

Si neanmoins l'on veut absolument que Dieu ait pû produire des étenduës differentes j'y consens, pourvû qu'on m'accorde qu'il a pû aussi faire ce monde de la même étenduë suffisamment reproduite. Or cela supposé, il est clair qu'il

n'est

n'est nullement impossible que le Corps de Jesus Christ, selon toute son essence, de quelque maniere qu'on l'entende, soit reduite en un point insensible. Car toute l'essence de l'étenduë peut être reduite en un point ; & l'étenduë d'un corps humain, qui consiste dans l'organisation des parties, peut être reduite sous un espace tres-petit. La raison & l'experience en peuvent convaincre : La raison, parce qu'il y a démonstration que la matiere est divisible à l'infini : L'experience, parce qu'on voit avec des microscopes des corps organisez, mille fois plus petits qu'un grain de sable invisible.

J'explique encore ceci par la comparaison des nombres aux corps. La difference des nombres ne vient point de la difference des unitez : Dans dix & dans cent, ce n'est que la même unité repetée ou reproduite. La difference des corps ne vient point aussi des differences de

de l'étenduë; c'est par tout la même
étenduë repetée ou reproduite. Car
comme j'ay dit ailleurs, quoy que
nos sens & nôtre imagination, nous
portent à croire que l'étenduë d'un
pied cube, soit differente d'un autre
pied cube, à cause que nous ne dé-
couvrons pas la cause qui l'a produite ; si nous croyons neanmoins que
Dieu a la même idée d'étenduë, &
la volonté de produire la même,
certainement, nous ne douterons
pas qu'il ne produise la même. Ainsi
ce peut être par tout la même étenduë repetée ou reproduite. Mais si
l'on ôte l'unité des nombres on les
détruit, de même que si on ôte l'é-
tenduë des corps on les aneantit. Le
monde reduit à un point mathematique est un nombre reduit au zero.
Une infinité de points mathemati-
ques ne font aucun corps, ni même
un point physique, tant s'en faut,
qu'ils puissent faire un corps humain
ou organisé, tel qu'est celuy de Jesus
Christ.   DIS-

DISSERTATIO.

IN QUA VINDICANTUR

A Peripateticorum exceptionibus, rationes quibus aliqui Cartesiani probarunt essentiam corporis sitam esse in extensione.

I.

PRodiit in lucem hyeme præterita Parisiis Tractatus Philosophicus adversus Cartesianos, vafrè admodum simulque amarulenter conscriptus. Magno enim eos periculo subjicere doctrinam cœlitùs revelatam ; non ampliùs gloriam agi Sectæ Aristotelicæ ; ipsam agi Religionem ; veritatibus Divinis status moveri controversiam ; acerbis & ambitiosis querelis declamitat Ludovicus à Villa, Author illius

lius libri. Proinde fibi credit im-
plorandam effe fidem Quiritium,
vehementerque admonendos, ut
in re valdè momentofa, Sacri Ordinis Antiftites, videant ne quid
Refpublica Ecclefiaftica detrimen-
ti capiat ; clafficum canendum ad
bellum facrum , Philofophiam
Cartefii pro Tribunali Religionis
ream fiftendam , omnique operâ
enitendum, ut damnetur & Anathema fiat in pofterum, *Trifte ja-
cens lucis evitandumque Bidental*,
gladioque ultore armatæ leges in
eam animadvertere fatagant. Nihil
effe ad invidiam Cartefianis con-
flandam magis idoneum , eorum-
que abolendam Philofophiam, mo-
tis femel in Religionem animis,
fenfit vir callidus , ideoque omnium primum rem ad multitudinem efficaciffimam , hærefeos metum injiciendum ratus, *tragica de-
favit & ampullatur in arte*, nullumque non movet lapidem ut
often-

oſtendat eos abire diverſos à Patri-
bus Concilii Tridentini. Nequid
verò deſideretur, hoc quoque probare nititur eos peccare adverſus
lumina Philoſophiæ naturalis, dum
dicunt eſſentiam corporis ſitam eſſe
in extenſione. Non ſibi defuerunt,
ut fama eſt, nec porro defuturi ſunt
Carteſiani quorum refert non videri alienos à decretis Concilii Tridentini, quominus hanc invidiæ
tempeſtatem abs ſe eliminarent, &
in poſterum eliminent. Nos interim quos ea cura quietos non ſolli-
citat, alteram Apologiæ partem de
concordia Carteſianorum hypothe-
ſis cum recta ratione circa eſſentiam
materiæ libenter ſuſciperemus in
iſta Diatriba ſi liceret nobis eſſe
prolixis quantum requiritur : ſed
quia amplum adeò argumentum
nequit ea qua par eſt diligentiâ tra-
ctari paucis paginis, id ſolùm nobis
ſeponimus ut vindicemus rationes
quorumdam Carteſianorum ab ex-
ceptio-

ceptionibus nuperi istius Peripatetici.

II.

Ducatur initium à probatione
qua usus est Clarissimus Clerscle-
rius Cartesianarum *grande decus
columenque rerum*, & sic se habet.
*Necesse est substantiam spiritualem
aliquid habere inseparabiliter quo
in ratione rei spiritualis constituatur & differat à substantia corporea : sicut necesse est substantiam
corpoream aliquid habere inseparabiliter quo in ratione rei corporeæ
constituatur & differat à substantia spirituali. Atqui juxta notio-
nes claras & distinctas in nobis ipsis
quasi insculptas illud quod habet inseparabiliter substantia spiritualis
quo constituitur ejus essentia &
differentia à corpore est cogitatio,
illud vero quod habet inseparabiliter substantia corporea quo ejus essentia differentiaque à spiritu constituitur est extensio ergo*, &c.

Con-

Contra hanc probationem sic infurgit Ludovicus à Villa, 1° vel Cartefio fuffragante, multa effe attributa præter extenfionem quorum ope corpus effentialiter differat à fpiritibus, nam Cartefium una cum Ariftotele docere, omne corpus effe compofitum ex variis partibus : cum omnibus Philofophis, corpus nullam habere per fe activitatem, motumve. Cùm ergo fpiritus fit fubftantia fimplex, intelligens & activa, evidens effe independenter ab extenfione affignari poffe triplicem differentiam effentialem inter corpus & fpiritum, idque in hypothefi Cartefiana. 2° effentiam corporis non poffe confiftere in extenfione quantumvis hæc fola agnofci poffet differentia inter corpus & fpiritum, quia per extenfionem corpus non differt ab aliis entibus materialibus, & tamen effentia cujuflibet rei ita eft illi propria, ut per eam à cæteris omnibus rebus differat.   I I I.

III.

Sed facile eſt vindicare rationem
Clariſſimi Clerſelerii ab ejuſmodi
exceptionibus. 1° enim dici poteſt
argumentatum eſſe illum *ad hominem* adverſus ferè omnes Philoſo-
phos, qui ſubſtantiam dividere ſo-
lent adæquatè in ſpiritum & corpus
per immateriale & materiale tanquam per differentias conſtitutivas
ſpiritus, & corporis : ex quo ſequitur diſcrimen intercedens inter corpus & ſpiritum conſiſtere in mate-
rialitate , atque adeò ſubſtantiam
hoc ipſo eſſe ſpiritualem quod non
eſt materialis. Atqui ſecundum lumen naturale materialitas conſiſtit
in extenſione , ergo omnis ſubſtantia quæ caret extenſione , intelligi-
tur eſſe imm terialis , adeóque non
differre à ſpiritu. Non ergo ſine
cauſa omiſiſſe dici poteſt Clerſele-
rius obſervare diſcrimen quod in-
tercedit inter ſpiritum & corpus penes ſimplicitatem , intelligentiam

&

& activitatem , cum hæc attributa non includantur à Philosophis quibuscum ipsi res est in differentia constitutiva substantiæ spiritualis , neque attributa opposita in differentia constitutiva substantiæ corporeæ. 2° Ipse Clerselerius non potuit uti istis attributis ad concipiendum discrimen intercedens inter corpus & spiritum , quia si semel supponas materiam carere omni extentione , nullam amplius compositionem partium in ea concipis : ergo concipis eam ut simplicem , ergo ut perfectè similem spiritibus quoad simplicitatem. Itaque frustra est Author cum opponit Cartesium fatentem omne corpus esse compositum ex variis partibus , Clerselerio non agnoscenti substantiam inextensam differre à spiritu penes compositionem ex variis partibus , cùm ideò solùm Cartesius fateatur omne corpus constare partibus diversis , quia

do-

docet omne corpus esse essentialiter
extensum. Non potuit etiam Clerselerius agnoscere discrimen inter
corpus & spiritum penes intelligentiam, quia si semel supponas
substantiam corpoream & spiritualem perfectè similes in carentia extensionis, nulla potest concipi ratio
quapropter substantia spiritualis sit
potiùs essentialiter intelligensquàm
substantia materialis. Si verò æquè
potest concipi intelligens substantia materialis, ac substantia spiritualis, æquè potest etiam concipi
activa, ergo sublatâ semel extensione à corpore nihil remanet in eo
vi cujus intelligatur differre à spiritu: non compositio, quia res inextensa instar puncti mathematici nullas habere partes concipitur : non
carentia intelligentiæ, quia substantia simplex cujusmodi esset corpus
omni carens extensione, æquè potest donari virtute intelligendi ac
spiritus : non denique carentia acti-
G   vitatis,

vitatis, quia substantia intelligens, cujusmodi esse posset corpus inextensum, æqué potest donari activitate ac spiritus. Atque ista cùm necessariò fluant ex principiis Cartesii, immeritò arguitur inconsequentiæ Clerselerius, quod non animadverterit tria superesse attributa essentialia quibus, sublatâ extentione, corpus differat à spiritu. Debebat Ludovicus à Villa qui adeò subactus videri vult in Philosophia Cartesiana recordari ideò Cartesium denegasse cogitationem rei extensæ, quod cogitatio non possit esse modus extensionis, & ideò activitatem, quod res cogitationis expers, indifferens sit ad quemcumque statum.

IV.

Saltem, dixerit aliquis, si non juremerito accusavit Autor Clerselerium derelicti Cartesii, merito dixit corpus sublatâ extensione differre adhuc à spiritu triplici nomine, sci-

scilicet carentiâ simplicitatis, intelligentiæ & activitatis. Respondeo non posse hoc dici, quia non magis concipitur substantia inextensa habere partes quàm spiritus. Deinde cùm Peripatetici fateantur corpus posse spoliari omni extensione, fateantur quoque necesse est spiritum posse spoliari omni intelligentia, non enim est potior ratio pro uno quàm pro alio, ergo fieri posse ut spiritus sit perfectè similis corporis quoad carentiam intelligentiæ, ergo spiritum & corpus si considerentur quoad attributa essentialia non differre penes intelligentiam. Si dicas differre penes facultatem intelligendi quam spiritus habeat non verò corpus, gratis hoc dices, nam unde habes duarum substantiarum tantoperè similium quoad carentiam extensionis & intelligentiæ, aliaque attributa, alteram habere vim intelligendi non verò alteram, quandoquidem tibi desunt omnes

  viæ

viæ ac rationes quibus cognofci pof-
fint rerum aptitudines ? Probo evi-
dentiffimè. Duobus modis cogno-
fcimus res effe aptas ad aliquam
operationem , 1° fi cognofcamus
eas de facto edere talem operationem , 2° fi comparantes inter fe
ideam rei & ideam operationis de-
prehendamus alteri cum altera rectè convenire. Atqui neutro modo
cognofcere poffumus fubftantiam
carentem intelligentia effe aptam
ad intelligendum , ergo &c. minor
patet quoad priorem modum : probatur verò quoad alterum. Ut cognofcamus pofteriori modo aliquid
effe aptum ad certam operationem
neceffe eft cognofci à nobis clarè
ac diftinctè ejus naturam independenter ab idea talis operationis, &
conferri ideam illius rei ita cogni-
tæ cum idea talis operationis. Verbi gr. ut quis ignorans dari actu corpora globofa judicare poffit corpus
effe aptum ad formandum globum
ne-

necesse est cognosci ab illo naturam corporis præcisi à globo , &
applicari ideam corporis præcisi à
globo ad ideam globi. Ut quis
ignorans animam actu amare , scire
valeat eam esse capacem amandi
necesse est cognosci ab illo naturam animæ abstractam ab amore &
hanc deinde notionem applicari
rei amanti. Si globi idea nexum habet necessarium cum idea corporis
præcisi à globo : & idea rei amantis
cum idea animæ præcisæ ab aman-
te, concluditur corpus esse aptum
ad formandum globum, & animam
ad amandum. Secùs , non illud
concluditur. Quinimo natura corporis debet cognosci præcisa à facultate formandi globum, & natura animæ à facultate amandi, quia
ineptè quæreretur an corpus sit aptum formare globum & anima capax amandi nec ne , si considerare-
tur corpus ut capax amandi, quemadmodum insulse quæsieris an

G 3

homo

homo sit animal nisi ad tempus se-
ponas ideam animalis ab idea hominis, ut postmodum eas combinan-
do fias certior alteri cum altera
egregiè couvenire. A pari, ut co-
gnoscamus spiritum spoliatum omni intelligentia, esse aptum ad intelligendum necesse est nos habere
ideam illius ut præcisi ab aptitudine
intelligendi, quam deinde applice-
mus ad ideam rei quæ intelligit, Si
autem idea rei quæ intelligit nexum
habet necessarium cum idea spiritus præcisi ab aptitudine intelligendi , concludere debemus spiritum
esse aptum ad intelligendum : non
verò aliter. Atqui clarum est unicuique experientiâ propriâ non posse hoc modo cognosci an spiritus
sit aptus ad intelligendum, ergo &c.
probo subsumptum , quia si præf-
cindas spiritum ab intelligentia ap-
titudinali, habes solùm ideam substantiæ : substantia verò in communi non majorem habet nexum cum
intelli-

intelligentia quàm cum non intelligentia, quippe univocè prædicabi-
lis de corpore & spiritu, ergo perperam asseritur spiritus exutus omni
intelligentiâ, esse tamen essentialiter magis aptus ad intelligendum
quàm corpus. Ista omnia æqualiter
militant contra tertium attributum
nempe activitatem, nullo enim jure dici potest duarum substantiarum
cætera perfectè similium alteram
esse activam, non verò alteram.
Adde quod Peripatetici ultro fatentur corpus habere vim agendi in-
trinsecam, ergo nisi dicamus corpus esse essentialiter extensum nunquam deveniemus ad notitiam ejus
differentiæ à spiritibus.

V.

Confirmatur hæc doctrina, quia
dici non potest corpus inextensum
retinere aliquod attributum positi-
vum quod non habeat spiritus, verbi gr. exigentiam formarum materialium. Cùm enim formæ non sint

G 4

mate-

materiales nisi quatenus fiunt ex
materia, dici non potest absque manifesta petitione principii & circulo
vitioso materiam constitui in esse
materiæ per exigentiam formarum
materialium, nam supponendo ali-
quas esse formas materiales, sup-
ponis quoque substantiam illam
inextensam de qua disputatur an sit
materia, an verò spiritus, esse reapse materiam : & si quis quærat cur
aliquæ formæ sint materiales, res-
pondendum erit tibi, quî fiunt
concurrente materia, sicut dixisti
materiam esse materiam, quia exi-
git formas materiales. Deinde absurdum est tribuere rebus insensibi-
libus aliquam exigentiam, nec ego
satis mirari queo tot serias admoni-
tiones, amarulantes reprehensio-
nes, facetias & scommata, rationes-
que evidentissimas abterrere non
potuisse Peripateticos ab ejusmodi
phrasibus quæ rebus inanimatis ap-
petitum & spontaneitatem tribuunt.
Quod

Quod si exigentia formarum materialium redigatur ad meram capaci-
tatem recipiendi extensionem , re-
deunt argumenta superiùs à me
proposita contra aptitudinalem intelligentiam. Etenim materia spo-
liata omni extensione non aliter
concipi potest apta eam recipere
quàm quia substantia in communi
apta nata est esse in corpore & in
spiritu (quippe eadem est omnino
idea substantiæ in communi & idea
substantie omni extensione & formis extensionem subsequentibus
nec non cogitatione denudatæ, qualis est materia Peripateticorum con-
siderata secundum suam essentiam)
atqui ea aptitudo efficere nequit ut
materia differat à spiritu , quia substantia in communi habens eam ap-
titudinem potest tamen equè fieri
spiritus ac corpus , ergo licet concipias materiam ut substantiam aptam recipere extensionem , non tamen eam concipies ut essentialiter

G 5 diver-

diversam à substantia spirituali.
Profecto si corpus & spiritus semel
concipiantur convenire in ratione
substantiæ carentis extensione &
cogitatione, nulla forma distincte
concipitur posse advenire uni quæ
non concipiatur posse advenire alteri, ergo impossibile est assignare
discrimen essentiale corporis à spiritu per nescio quas exigentias &
aptitudines. Ipsi Peripatetici nobis
hujus rei præclarum documentum
suppeditant: dum enim docent posse dari corpus completum simplex,
hoc est, non constans materiâ &
formâ, & animas brutorum perfe-
ctorum esse indivisibiles, totas per
consequens in toto corpore & totas in singulis partibus corporis, satis ostendunt substantias spirituales
non posse differre à materialibus penes simplicitatem & ubi definiti-
vum. Dum docent Angelos se posse inflare & comprimere, imo se
reddere impenetrabiles, satis ostendunt

dunt extensionem & impenetrabilitatem non ita esse formas materiæ
proprias , ut non possint advenire
spiritui : Angelos æquè fieri colora-
tos ac corpora (nam quicquid re-
flectit lucem versus oculos , ut naturaliter facere possent Angeli qui
se reddidissent impenetrabiles , est
coloratum) æquè posse tangi ac
corpora contra Lucretianum illud,
*tangere vel tangi nisi corpus nulla
potest res* uno verbo æquè posse ca-
lefieri , frigefieri , humefieri , in-
flammari &c. ac corpora. Nam
si substantia Angelica subjectum
est idoneum è cujus potentia edu-
cantur extensio , impenetrabilitas, & color : quodque rarefiat &
condensetur , quare frigus, humi-
ditas , imo formæ substantiales non
poterunt éduci ex eodum subjecto
cùm certum sit frigus , humidita-
tem &c. non importare in suo conceptu formali necessariam magis re-
lationem ad materiam , quàm ex-

G 6

ten-

tensionem , colorem , impenetrabilitatem , raritatem & densitatem?
Dum docent non esse de essentia rei
spiritualis ut careat partibus inte-
grantibus , & formas materiales esse
cognoscitivas , satis significant spiritum & corpus non differre à se invicem penes compositionem & facultatem intelligendi. Quid plura?
Non difficilè probarent Scholastici
inter se commissi , res spirituales &
materiales differre tantùm penes
adjuncta quædam extrinseca. Adeò
magni refert statim bona principia
constabilire , ne si semel in limine
aberratum , *prodita judiciis fallaci-
bus omnia primis* , labem miniten-
tur ut *in fabrica si prava est regulæ
prima* &c.

V I.

Ad secundam exceptionem Ludovici à Villa facilis est responsio,
non enim ratione eam probavit sed
autoritate : cui quamquam sæpe
multùm tribuendum est , nunquam
tamen

tamen eatenus ut in ejus gratiam,
nisi divina sit, ideas distinctas floc-
cifaciamus. Ergo licet ab omni ævo
passim scriptum fuerit dari aliqua
entia extensa distincta à corpore,
nemo tamen sibi hanc crucem fige-
re tenetur ut spretâ ideâ distinctâ
qua concipit substantiam extensam
& corpus esse unum & idem imaginari nitatur in rosa v. gr. materiam,
formam substantialem , quantita-
tem , colorem, saporem , odorem,
calorem, siccitatem, opacitatem, gra-
vitem & c. tanquam totidem entia diversa sibi mutuo coextensa & com-
mensurata & secum invicem penetrata , nullum enim nobis adest criterium quo judicemus extensionem
materiæ & extensionem formæ differre essentialiter , & posse potiùs
penetrari inter se quàm cum alia extensione , sed contra concipimus distinctè omnia entia extensa ut perfectè homogenea in ratione extensionis, ergo dicere debemus vel nullum

lum horum esse corpus, vel omnia
esse corpus. Nec obstat sententia
Clarissimi illius Cartesiani qui in
suo nunquam satis laudato de *dis-
quisitione veritatis* libro, dixit dubium esse an omnia entia creata, sint
vel corpus vel spiritus, quia non
ideò ille credit aliquam creaturam
posse esse extensam nec tamen corpus, sed solùm aliquam posse esse
distinctam à corpore, nec tamen
spiritum. Aliunde cum hæc suspi-
cio non fluat necessariò ex principiis
Cartesii minime proponi debebat
ut instantia adversus fidissimum ejus
sectatorem.

VII.

Succedat jam Celeberrimus alter Cartesianus Jacobus Rohaldus
qui tum vivâ voce tum scriptis niti-
dissimis sectam maximè reddidit il-
lustrem. Magnificâ utitur præfatio-
ne Author & grandiore Cothurno
instructus ea dicit de divina omnipo-
tentia quibus nos plenâ cerâ sub-
scri-

fcribimus, neque enim magis vitio
debet verti Cartefianis fi dicant
Deum non poffe confervare materiam fine extenfione quàm Peripa-
teticis fi dicant Deum non poffe
eam confervare fine exigentia extenfionis. Unde patet eadem ratione defumptâ ex infinita amplitudi-
ne divinæ poteftatis probari poffe
adverfus Peripateticos Deum poffe
fpoliare materiam omni exigentia
extenfionis, qua ipfi probare co-
nantur adverfus Cartefianos Deum
poffe fpoliare materiam omni extenfione, atque adeò argumenta
iftius commatis fæpenumero fer-
mones effe abundantes fonantibus
verbis uberibufque fententiis, præ-
tereaque nihil. At, inquit Ludovicus à Villa, *non probat Rohaldus,
vel alii Cartefiani dari contradictionem fi corpus exiftat abfque fua extenfione formali, nifi commitendo
circulum ridiculum. Dicunt nempe
quod cùm extenfio fit tota effentia*

mate-

materiæ, materia sine extensione es-
set materia sine materia, ergo ut
probent extensionem esse totam es-
sentiam materiæ supponunt eam non
posse separari à materia sine contra-
dictione, ut vero probent non posse
separari sine contradictione dicunt
eam esse totam essentiam materiæ.
Hic certè desiderare est vel memoriam vel bonam fidem istius Autoris. Passim enim extant in libris no-
strorum hominum probationes directæ & quibus in nulla alia materia
meliores dari soleant. Nonne enim
ostendunt extensionem esse totam
essentiam materiæ quia est differentia specifica materiæ, & esse differentiam specificam materiæ quia
per ejus adventum substantia in
communi coarctatur ad eam spe-
ciem substantiæ quæ corpus sive materia dicitur ? nonne ostendunt extensionem esse totam essentiam materiæ quia ut perfectè concipiatur
materia & perfectè distinguatur ab
aliis

aliis entibus nihil aliud requiritur
quàm ut concipiatur extensa ; quia
sublatis quibuscunque aliis modò
extensio remaneat , remanet idea
materiæ, è contra sublatâ extensione non alia remanet idea quàm substantiæ in communi ? Ne multus
sim omnes adhibent probationes
quas Peripateticus adhiberet si probandum ipsi incumberet rationalitatem esse totam essentiam hominis
qua hominis ; exigentiam extensionis, totam essentiam materiæ. Ergo vel Ludovicus à Villa probaret
circulo ridiculo rationalitatem esse
totam essentiam hominis , exigentiam extensionis totam essentiam
materiæ &c. vel Cartesiani non
probant circulo ridiculo extensionem esse totam essentiam materię.
Equidem si rogetur Cartesianus
quare materia non possit spoliari extensione , respondet quia hoc implicat contradectionem. Si iterum
rogetur quare hoc implicet contra-
dictio-

dictionem , respondet quia extensio
est essentia materiæ. Si ampliùs ab
eo quæratur quare extensio sit essentia materiæ , respondet quia extensio ita includitur in conceptu formali sive idea distincta materiæ ut
eâ sublatâ pereat funditùs idea materiæ , quod idem ferè est ac si responderet extensionem esse essentiam materiæ quia est inseparabilis
ab illa. Sed quidquid sit de illa gra-
datione probationum , nonne quilibet Philosophus eodem modo ro-
gatus circa essentiam cujuslibet rei,
simili quoque modo responderet?
Ergo vel nullæ probationes directæ
& immunes à circulo afferri possunt , vel nostræ sunt ejusmodi ; ergo quoad hoc punctum pares sunt
hinc Cartesianus probans extensionem ; illinc Peripateticus probans
exigentiam extensionis esse totam
essentiam materiæ. At longè melior
est quoad cętera ratio Cartesiani ,
quia exigentia extensionis affixa
sub-

ſubſtantiæ in communi non prębet ullam ideam diſtinctam, ſed conceptum vagum, confuſum & manifeſtè falſum niſi redigas contra uſum omnium linguarum, exigentiam ad meram potentiam paſſivam, quę cùm nihil diſtinctiùs ſignificet quàm non repugnantia omni enti poſſibili conveniens, inepta eſt prorſus ad conſtituendam differentiam ſpecificam materię.

VIII.

Dixerat idem Rohaldus extenſionem, diviſibilitatem, figuram, & impenetrabilitatem eſſe quatuor proprietates eſſentiales materię extenſionem verò conſtituere eſſentiam ejuſdem materię quia concipitur pręcedere tres alias. Sed ecce Ludovicum à Villa prępoſterè agi querentem nec ſibi ſatis conſtare illum Philoſophum ; docere enim extenſionem nihil eſſe aliud quàm actualem partium impenetrationem & poſitionem extra ſe invicem, ex

quo

quò sequitur impenetrabilitatem esse priorem extensione cùm evidens
sit impenetrabilitatem esse principium impenetrationis actualis non
vice versa. Ego verò respondeo no-
dum in scirpo quæri, & Autorem
potuisse ipsum, si voluisset uti inge-
nita sagacitate, parcereque subtilitatibus, rem expedire. Etenim ex
principiis Rohaldi materiam habere partes, materiam habere partes
extra se invicem, materiam esse
extensam, attributa sunt æquè prima & immediata, nec solùm iden-
tificata inter se realiter, sed etiam
secundum nostrum concipiendi
modum, cùm impossibile sit concipere materiam habere partes si
concipias eam redactam ad punctum mathematicum, cujus idea
nulla est in nobis non magis quam
puri nihili ergo juxta hæc principia
impenetrabilitas materiæ oritur ab
ejus extensione, quandoquidem ratio cur materia sit impenetrabilis,

est

eft quia habet partes, & materiam
habere partes idem eſt formaliter
quod materiam habere extenſionem. Quamvis verò impenetratio
actualis & extenſio ſint unum &
idem non tamen ſequitur impenetrabilitatem eſſe priorem extenſione, neque enim evidens eſt, ut fal-
sò ſupponit Autor, impenetrationem actualem oriri ab impenetrabilitate tanquam à ſuo principio, alioquin valeret conſequentia vi formæ
ab actuali impenetratione ad impenetrabilitatem, quod nunquam ad-
mittent Peripatetici qui credunt
materiam eſſe ut plurimùm actualiter impenetratam, nunquam impenetrabilem. Ipſi Carteſiani quamvis credant impenetrabilitatem &
impenetrationem conjungi neceſſariò in materia, non tamen illam
probant per iſtam, haud neſcii pro-
poſitionem univerſaliter affirman-
tem *quicquid habet actus habere
principium*, eſſe falſam ut conſtat
exem-

exemplo formæ materialis quæ licet
habeat incorruptionem actualem
quamdiu confervatur , nunquam
tamen habet incorruptibilitatem.
Cùmque illi fedulo in id allaborent
ne quid in judicando amplius eo
complectantur quod diflinctè con-
cipiunt , minimè judicare debent
impenetrationem actualem præfup-
ponere impenetrabilitatem quia impenetratio actualis præcifè confide-
rata in fe nihil aliud neceffariò fup-
ponit quàm rem pofle effe impenetratam , fi verò confideretur ut extenfio materiæ tunc non præfuppo-
nit fed ponit impenetrabilitatem.
Miror Ludovicum à Villa non ani-
madvertiffe labem fuæ ratiocinatio-
nis , nam fi actualis impenetratio
fluit ab impenetrabilitate tanquam
à fuo principio , indivifio continui
ab ejus indivifibilitate , & quifquis
actu non vincitur , dici poteft invin-
cibilis , quod eft falfum. Non ergo
perperam dictum eft extenfionem

priùs

priùs cognosci quàm impenetrabilitatem licet non differat ab impenetratione actuali neminique mirum
videri debet idem attributum, extensionem scilicet, esse simul actualem impenetrationem & principium illius, cùm certum sit spiritualitatem animæ esse simul ejus in-
divisionem actualem & indivisibili-
tatem, & tamen indivisibilitas non
concipitur præcedere spiritualitatem. Inter Recentiores indubium
est, vim calefactivam ignis non distingui à motu actuali ejus partium
in quo consistit ejus calefactio, &
tamen vis illa calefactiva non concipitur præcedere motum illum
actualem. Præterea si Rohaldus
constituisset essentiam materiæ in
impenetrabilitate præcedente extensionem, equè obscurum nobis
dedisset conceptum corporis ac Peripatetici, quia idem fecisset ac si
quis essentiam opii explicaret per
vim consopitivam. Etenim impe-
netra-

netrabilitas præcisa ab extensione
non aliter concipitur quàm sub va-
ga idea facultatis seu potentiæ : distinctè verò concipitur si fluere dicatur ab extensione.

IX.

Instat Ludovicus à Villa ; *habere
partes concipitur necessario priusquam extensio formalis , nec concipi potest extensio formalis quin partes præsupponantur , nam antequam
concipiatur res esse hujus vel illius
moai oportet concipere illam esse:
oportet etiam aliquatenus illam esse
prius quàm sit taliter vel taliter ,
partes verò materiæ esse vel intra
vel extra se invicem , modi sunt varii essendi illarum , ergo necesse est
concipere materiæ partes antequam
concipiantur illæ partes vel esse extra vel intra se invicem , eo fere modo quo dicimus concipi oportere animam & corpus priusquam concipiatur anima esse vel extra vel intra corpus. Igitur peccavit Rohaldus*

in

in sua principia qui non dixerit es-
sentiam materiæ consistere in eo
quod sit substantia constans parti-
bus. Respondeo 1° erratum esse ad
summum à Rohaldo quod non as-
cenderit atque ad extremum api-
cem præcisionum metaphysicarum :
qui error levis sine dubio videbitur
ipsi Adversario si animadvertat eum
qui se Auctore diceret essentiam
materiæ consistere in compositione
ex partibus, non immunem fore à
simili culpa, quippe prius est rem
esse aptam habere partes quàm habere partes, ergo essentia materiæ
collocari debet in compositione ap-
titudinali ex partibus non verò in
actuali. Præterea prius est rem posse fieri aptam habere partes quàm
esse actu aptam habere partes ergo
essentia materiæ poni debet non in
aptitudine actuali sed in aptitudine
potentiali & sic in infinitum. Similiter si non liceat dicere extensionem formalem esse essentiam ma-

H

teriæ

teriæ quia extensio formalis supponit partes, non licebit quoque dicere substantiam esse essentiam materiæ quia substantia supponit ens
tanquàm aliquid prius. Si prius est
rem esse, quàm esse hoc vel illo
modo ac proinde prius est partes
materiæ esse, quàm esse intra vel
extra se invicem, ergo à pari prius
est partes esse, quàm esse partes materię (præsertim quia juxta Peripateticos esse partes materiæ vel alterius rei, sunt varii modi essendi partium) & propter eamdem rationem prius est rem existere quàm
existere vel in subjecto vel sine subjecto ; prius substantiam existere,
quàm esse corpus vel spiritum & sic
nullius rei poterit collocari essentia nisi in vago & generalissimo
conceptu entis. Modus ergo adhi-
bendus est illis abstractionibus me-
taphysicis & sistendum in illis attributis quę licet fortasse pręscindi
possint à se invicem si quis oppidò
quàm

quàm in Logica fuerit subactus, distinctè tamen concipiuntur esse
idem realiter inter se & primariò
secernere varias species entis à se
invicem. Talia verò sunt esse materiam & habere partes extra se positas, ham respondeo 2 ° vehemen-
ter errare Autorem dum credit partes materiæ esse indifferentes ad penetrationem vel impenetrationem:
sunt enim essentialiter impenetratæ,
quod sic ostendo.

X.

Si partes materiæ possent poni intra se invicem tota materia posset
redigi in eum statum in quo non
occuparet plus spatii quàm punctum mathematicum, atqui hoc
fieri nequit, ergo &c. major non potest negari quia evidens est partes
materiæ penetratæ nullam prorsus
retinere extensionem : minor verò
sic probatur 1 ° *ad hominem.* Con-
cedit Ludovicus à Villa compositionem ex partibus præsupponi ne-

ces-

ceffario ab extenfione formali , ergo ex concedendis quidquid poteft
extendi formaliter componitur neceffario ex partibus , atqui quælibet
pars materiæ poteft extendi formaliter ut per fe patet , ergo componitur neceffario ex partibus , ergo
eft divifibilis in infinitum , ergo
quando eft actualiter extenfa ref-
pondet fpatio divifibili in infinitum,
ergo fingulæ partes fpatii funt divi-
fibiles in infinitum , ergo funt effentialiter extenfæ (funt enim effentialiter impenetrabiles inter fe ut
omnes fatentur) ergo impoffibile
eft ut aliqua pars fpatii fit inextenfa,
ergo quicquid eft in fpatio refpon-
det alicui parti extenfę , ergo habet
neceffario aliquam extenfionem ,
ergo impoffibile eft ut materia redigatur ad eum ftatum ut non plus
fpatii occupet quàm punctum mathematicum. Non hic inquiro an
fpatium fit ens corporeum , fpiri-
tuale , mediæ naturæ inter utrumque

que &c. sufficit mihi quod ultro
concedunt Peripatetici, spatium esse locum realem & nemine cogitante correspondere rei locatæ, divisibile per mentem in infinitum,
ejusque partes non posse poni intra
se invicem : nam inde sequitur nullam esse partem designabilem in
spatio cui aliqua materiæ portio
actualiter extensa non possit commensurari, ac proinde nullum esse
locum in spatio pro punctis mathematicis, si enim punctum ejusmodi
poneretur in spatio aliquid inextensum commensuraretur loco capaci
recipiendi aliquid extensum, quod
contradictionem implicat.

X I.

Probatur 2° eadem minor, quia
impossibile esset reddere extensam
materiam quæ semel penetrationem
esset passa, ut sic ostendo. Materia penetrata se haberet eodem modo quoad positionem in spatio, quia
multitudo punctorum mathemati-

                corum

corum penetratorum; atqui multitudo punctorum ejufmodi non poteſt fieri extenſa, ergo &c. non poteſt negari major, nam quantacunque ſit differentia inter punctum mathematicum & partes materiæ penetratæ quoad ſimplicitatem, certum eſt multitudinem punctorum mathematicorum penetratorum eſſe compoſitam ex pluribus entibus non ſecus ac materiam penetratam, nec magis eſſe poſitam in ſpatio ſub quocunque reſpectu indiviſibili quàm materiam penetratam. Minor verò probatur omnibus argumentis tum Phyſicis tum Geometricis quibus probatur adverſus Zenonem continuum non poſſe componi ex punctis mathematicis. Dicant quicquid velint Zenoniſtæ adverſus demonſtrationes Geometricas quibus opprimuntur, nunquam excutient pondus iſtius ratiocinii; *nihilum additum nihilo non facit ens reale, ergo nihilum extenſionis addi-*

additum nihilo extensionis non facit extensionem. Certè vel mens nostra nihil clarè & distinctè percipit, vel clarè & distinctè percipit non posse exurgere aliquam extensionem ex aggregatione plurium entium nisi singula illa entia habeant aliquam extensionem, quia extensio nihil aliud esse concipitur quàm appositio rei extensæ ad rem extensam. Atque hinc adeò est cur omnes Physicorum sectæ rejectis punctis mathematicis componant hodiè, cùm Philosophia severissimo examini sujecta est, continuum vel ex punctis inflatis, vel ex atomis Epicuri vel ex partibus divisibilibus in infinitum Aristotelis: magno utique argumento compositionem continui ex punctis Zenonis videri omnibus impossibilem, alioquin nunquam derelicta fuisset ea hypothesis, quæ ejus est opportunitas ad vitandas difficultates quibus premitur sententia componens continuum

H 4

ex

ex partibus extensis. Eadem verò
argumenta quæ probant contra Zenonem probare quoque contra materiam penetratam hinc patet evi-
dentiffimè, quia quælibet pars materiæ penetratæ eft nihilum extenfionis, ergo ficut ex quantalibet
multitudine punctorum mathematicorum juxta fe pofitorum nunquam fieri poteft extenfio, quia ponere unum punctum juxta alterum,
nihil aliud eft quàm addere nihilum extenfionis nihilo extenfionis,
ita etiam ex quantalibet multitudine partium materiæ femel penetratæ juxta fe pofitarum nunquam fieri
poteft extenfio, quia ponere unam
partem materiæ penetratæ juxta alteram nihil aliud eft quàm addere
nihilum extenfionis nihilo extenfionis. Nec dicas materiam non
manere penetratam quando pars
altera illius ponitur juxta alteram,
non enim ideò tollis difficultatem,
nam finge ex una parte multitudinem

nem infinitam punctorum mathematicorum penetratorum , & ex
altera infinitam multitudinem partium materiæ similiter penetrata-
rum , & Deum velle liberare tum
puncta mathematica , tum partes
materiæ à penetratione in qua deti-
nentur. Concipis sanè Deum hoc
facere collocando puncta juxta se
invicem , & partes quoque materiæ
juxta se invicem , nam hoc modo &
puncta & partes videntur non fore
ampliùs intra se invicem , in quo
consistit penetratio. Bene habet:
ergo ut tollatur penetratio pars una
materiæ collocatur juxta alteram &
punctum unum juxta alterum : atqui punctum positum juxta alterum
non facit ullam extensionem , quia
scilicet utrumque est nihilum extensionis, ergo etiam pars una materiæ penetratæ collocata juxta alteram non faciet ullam extensionem cum utraque sit nihilum extensionis. Vertant se in omnem par-
H 5

tem

tem Adversarii, nunquam afferent bonam disparitatem quia evidens est partes materiæ penetratæ esse singulas nihilum extensionis & liberari à penetratione quatenus ponuntur juxta se invicem, ergo quando liberantur à penetratione unum nihilum extensionis ponitur juxta alterum, unde non magis exsurgere potest extensio quàm ex appositione puncti ad punctum. Profecto majus esset miraculum si Deus ex nihilo extensionis faceret extensionem, quàm fuit productio mundi ex nihilo , quia extensio illa fieret ex nihilo non solùm tanquam ex termino à quo ut mundus , sed etiam tanquam ex causa componente , quod contradictionem implicat.

XII.

Ac ne illud quidem verum est partes materiæ penetratæ liberari posse à penetratione si ponantur juxta se invicem , nam sicut Physici probant

probant demonstrativè punctum appositum puncto penetrari cum ipso (quæ nova ratio est cur punctum additum puncto non faciat extensionem) ita demonstrari potest partem materiæ penetratæ appositam alteri parti penetratæ penetrari cum illa. Sicut enim punctum appositum puncto tangit illud secundum se totum & secundum omne spatium quod occupat, in quo consistit penetratio ; ita pars materiæ penetratæ apposita alteri tangit illam secundum se totam & secundum omne spatium quod occupat, nam si tangeret illam secundum aliquid sui & aliquam partem spatii quod occupat, non tangeret verò secundum aliquid aliud sui & alteram spatii partem, non esset penetrata, contra suppositionem. Ut clarior fiat difficultas adverte quod si corpus bipedale penetraretur cum altero corpore bipedali Deus posset separare quatuor illos pedes mate-

H 6

riæ

riæ à se invicem absque eo quod
redderet illis impenetrationem
actualem, & collocare illos in locis
dissitis ita ut quilibet futurus esset in
spatio perfecte indivisibili. Suppo-
ne jam Deum separatos illos quatuor pedes penetratos admovere ad
se invicem, reddereque contiguos
manentes penetratos : concipis sanè
fieri nonposse quin pes A tangat pedem B secundum se totum & secundum omne spatium quod occupat,
& sic de cæteris, ergo concipis materiam penetratam non fieri impenetratam præcisè quia pars una se-
paratur ab altera, ergo possunt manere penetratæ post separationem :
atqui si manentes penetratæ iterum
conjungerentur, non tolleretur
penetratio per eam conjunctionem,
ergo à pari Deus ponendo præcisè
partes materiæ penetratæ juxta se
invicem non eas liberat à penetratione, ergo contradictorium est
supponere partes materiæ semel intra

tra se invicem positas, poni extra se
invicem, nam ponuntur extra se invicem ex suppositione, non ponuntur verò quia pars penetrata posita
juxta partem penetratam penetratur cum ipsa. Cæterùm ex eo quod
punctum additum puncto non possit facere extensionem, sequitur
manifestissimè neque spatium neque corpus posse constare punctis
mathematicis, quandoquidem spatium essentialiter extensum est, corpus verò saltem ut plurimùm. Hinc
ulteriùs sequitur materiam non posse penetrari, nam si nihil est in spatio quod non sit extensum, & quicquid est in spatio commensuretur
cum illo, nihil autem inextensum
possit commensurari rei extensæ,
sequitur materiam penetratam non
posse poni in spatio : ergo non posse esse in rerum natura. Propter
eamdem rationem non potest
unum corpus penetrari quin totus
mundus penetretur, nam si v. gr.

partes

partes globi plano impositi perfectè penetrarentur , plano manente in suo statu naturali , non ampliùs globus posset tangere planum (quod est absurdum) nam neque posset tangere illud in parte divisibili, cùm res inextensa commensurari nequeat rei extensę ut per se patet, neque in parte indivisibili , cùm res extensa ex ante dictis non constet ex punctis mathematicis , ergo ut globus penetratus posset tangere alia corpora necesse esset illa penetrari, quod erat probandum.

XIII.

Non aliter mihi videntur Adversarii explicare posse quî materia semel penetrata evadere possit extensa quàm dicendo extensionem produci de novo tanquam ens adæquatè distinctum à materia & adjungi materiæ. Sed hęc responsio non caret difficultate , nam de illo ente quæri potest an sit extensum nec ne. Non negabis esse extensum quandoqui-

doquidem extendit materiam , ip-
sique extensę coextenditur. Si verò
est extensum rursus quæro an sit ta-
le per se, an per aliud. Si per aliud,
dabitur progressus in infinitum. Si
per se, ergo datur aliquod ens extensum per se & cujus partes per se
sunt extra se invicem. Quod si res
est , cur eo non contenti sumus ?
cur ex eo non dicimus constare
mundum ? cur multiplicamus entia
sine necessitate ? cur non æquè dicimus partes materię esse per se ex-
tensas ac partes extensionis ? ut
prętermittam , istud ens verè fieri
per creationem, quia vel nihil concipimus, vel concipimus impossibile esse ut res inextensa qualis supponitur materia, sit causa materialis,
hoc est causa componens (nam hæc
solùmhabetur idea causæ materialis)
rei extensę. Si verò creatur, est substantia , ergo habet quidquid materia Cartesianorum , ergo Peripatetici vel imprudentes admittunt
sub-

fubftantiam effentialiter extenfam
preter fuam Chimericam materiam
inextenfam , ergo &c. Adhęc explicari non poteft qui materia fiat
extenfa per adjunctionem entis ex-
tenfi ab ipfa adæquatè diftincti cum
non magis concipiatur aliquid poffe
effe extenfum extenfione alienâ
quàm exiftere exiftentiâ aliena, &
evidens fit aurum non fieri argen-
tum etiamfi exquifitiffimè mifcea-
tur cum argento , Deum non fieri
extenfum etiamfi ut docent Theo-
logi penetrativè uniatur extenfioni
mundi ; animam nec fieri extenfam
nec corpoream etiamfi dicatur uniri penetrativè cum corpore. Ergo
quocunque modo materia permif-
ceatur & conjungatur cum extenfione non magis dici debet extenfa,
quàm anima rationalis dicitur corporea : vel eo folùm modo debet
dici extenfa quo lignum dicitur
deauratum : atqui denominatio
deaurati non impedit quominus lignum

gnum remaneat verè & Physicè lignum ergo denominatio extensę
non debet impedire quominus materia verè & Physicè remaneat inextensa. Impossibile autem est ut extensio sit modus essendi rei manen-
tis inextensæ, ergo extensio non est
modus essendi materiæ, sed ad summum substantia materiam undique
ambiens, ergo soli extensioni physicè convenit ut sit substantia extensa sicut soli auro circumquaque fi-
lum ambienti, ut sit substantia au-
rea, ergo materia non sit intrinse-
cè & realiter extensa quando con-
jungitur cum extensione. Præsertim quia extensio adveniens mate-
ręę per se inextensæ penetratur cum
illa, quod verò penetratur cum
alio non potest illud extendere. As-
serant Adversarii aliquam disparitatem quæ non sit *petitio principii*,
vel saltem intelligibiliorem quàm
eductionem formarum, & erunt
nobis *Magnus Apollo*. Prætermitto

to rationem defumptam tùm ex eo
quod partes fpatii, durationis, &
numeri neceffariò funt extra fe invicem fatentibus adverfariis, tum
ex eo quod fi partes materiæ pone-
rentur intra fe invicem, totum non
effet majus fua parte, ut per fe patet, nam magnitudo corporis æfti-
matur folùm ex ejus dimenfioni-
bus, unde eft quod Peripatetici
conftanter dicant ulnam ferream &
ligneam effe æquales, licet ferrum
juxta eos plus materiæ contineat
quàm lignum fub eadem dimenfio-
ne. Prætermitto etiam morofius
quærere de natura & productione
impenetrabilitatis quam tenentur
diftinguere à pofitione actuali partium extra fe invicem, cùm pofitio
actualis Angelorum, partium fpatii, & formarum extra fe invicem
non illis afferat impenetrabilitatem.
Quæri poffet an impenetrabilitas fit
ens extenfum & impenetrabile nec
ne : fi negativè refponderetur ; qui
ergo

ergo ipfa in punctum redacta per totam naturam corpoream effundat fuam virtutem. Si affirmativè ; qui ergo penetrari poffit cum materia & cum extenfione & fic de cæteris. Sed nos ifta longiùs abriperent qui folas defendentis partes fufceperimus non verò accuratum totius quæftionis examen. Ex dictis patet 1° quod nifi ftatuamns partes materiæ naturâ fuâ effe extra fe invicem, ftatuendum eft eas effe naturâ fuâ intra fe invicem , nec poffe proinde indifcriminatim vel effe intra vel extra fe invicem. Parùm moror exemplum hominis quia altera ejus pars eft Spiritus, altera corpus 2° doctrinam Cartefianorum circa impenetrabilitatem materiæ iis fundari principiis quæ fi negentur , ruat omnis certitudo & fœdiffimus inducatur Pyrronifmus. Ejufmodi funt iftæ propofitiones ; *Nihilum additum nihilo non facit ens reale : punctum additum puncto penetratur*

cum

cum illo nec facit extensionem : om-
nes spatii partes sunt essentialiter
extensæ : corpus coextenditur loco
in quo ubicatur : non potest dari
coextensio inter rem inextensam &
rem extensam : ens inextensum uni-
tum enti extenso æquè remanet inex-
tensum ac corpus unitum spiritui re-
manet corpus : penetratio non ex-
tendit res penetratas : totum est ma-
jus sua parte. Nihil ergo aliud est
talem doctrinam sollicitare quàm
dare operam ut laciniosis distinctionibus obscuretur veritas luce clarior meridiana, veluti cùm Scotistæ
nescio quibus vitilitigationibus fre-
ti credere recusant, totum identificari cum partibus simul sumptis &
unitis.

XIV.

Aliquantò fusiùs ista prosequuti
sumus quod videatur credere Ludovicus à Villa (quamvis non præter solitum astutus declarare recu-
sarit suam de essentia materiæ sen-
ten-

rentiam) differentiam specificam
materiæ confistere in compositione
ex partibus , nam hoc attributum
præfupponi ab extensione & ultra
extensionem concipi debere in materia , materiamque diftinguere à
Spiritu. Oftenfum eft , ni fallor,
esse contradictionem in adjecto fi
quis dicat materiam esse compofi-
tam ex variis partibus & tamen redigi ad fpatium indivifibile : ideoque folùm concipi extensionem in
materia quia concipitur in illa di-
ftinctio partium & vice versa. Ergo per illud attributum præcifum
ab extensione non concipitur materia diftincta à fpiritu, ergo fallitur
Autor , qui de cætero eam nobis
tradit ideam materiæ quam com-
munem agnofcit formis omnibus
fubftantialibus & accidentalibus toto cœlo diverfis à materia, parum
memor cenfuræ quam eo nomine
in Clariffimum Clerfelerium exer-
cuerat. Fortè putat fibi licere quà

Theo-

Theologo quæ in Philosophis re-
prehendit, quemadmodum sibi fas
esse credit quà Theologo refutare
errores Philosophorum Theologiæ
contrarios nullà meliore substitutà
doctrinà in locum rejectæ. Profe-
ctò qui tam infensus exagitat Recentiores Philosophos, non suam
de essentia materiæ sententiam sup-
pressisset, nisi eam credidisset ni-
miis obnoxiam difficultatibus.

XV.

Tertius & ultimus Cartesianus
cujus causa nobis agenda sit, celeberrimus Autor est libri *de disquisi-
tione veritatis*, stupendà Vir subli-
mitate ingenii, qui non satis existi-
mans se *maris & terræ numeroque
carentis arena mensorem, aerias
tentasse domos, animoque rotundum
percurrisse polum*; extra processit
longè flammantia mœnia mundi, &
naturam intelligibilem ipsumque
adeò mundum Archetypum *pera-
gravit mente animoque, unde refert
nobis*

nobis victor, quid & quomodo ope-
rentur spiritus. Ei potissimum iras-
citur Ludovicus à Villa , ut proinde hęc videatur futura difficillima
pars totius disputationis. Probat
Cartesianus ille extensionem esse
essentiam materiæ 1° *quia nihil di-*
stinctè concipimus in materia quod
præcedat extensionem ut vel hinc
manifestè constat quod Peripatetici
explicare rogati quid illud rei sit
quod admittunt in materia ultra ex-
tensionem, diversis modis id faciant,
quibus omnibus palam fiat non ali-
ter illud ab iis intelligi quàm sub
idea entis vel substantia in commu-
ni ; quippe hanc ideam nulla inclu-
dere attributa materiæ propria.....
Quod verò dicunt illud esse subje-
ctum & principium extensionis
gratis dici & absque conceptu di-
stincto ejus quod dicitur , sed ad
summum juxta vagam & Logicam
ideam subjecti & principii cujus
novum subjectum , novumque prin-
cipium

cipium fingi valeat & fic in infinitum 2° quia sejunctâ extensione à
materia tolluntur omnes proprietates quæ ad ipsam pertinere distinctè
concipiuntur, remanente licet ea re
quam Peripatetici fingunt esse illius
essentiam. Nam clarum esse ex materia ejusmodi formari non posse cælos, terram ullan ve creaturam vi-
sibilem : e contra dempto illo ente
quod fingunt esse essentiam materiæ,
modo remaneat extensio remanere
omnes proprietates quæ distinctè
concipiuntur contineri in idea materiæ ; nam certum esse è sola extensione effci posse cælos, terram,
mundum hunc & infinitos alios. 3°
quia negari nequit si rem attente
consideres quin quidquid est in rerum universitate sit aut ens aut modus entis, atqui extensionem non esse
modum entis, ergo esse ens. Quia verò materia ut pote unum ens non est
composita ex multis entibus ad instar hominis constantis corpore &
spiritu,

spiritu, manifestum esse eam nihil esse aliud quàm extensionem. Hanc autem esse verum ens non verò modum entis inde probari quòd modus alicujus entis concipi non possit quin ens unà concipiatur.... Nam cùm modus entis nihil sit aliud quàm ipsum ens prout taliter se habet... evidens est modum non posse concipi sine ente: si ergo extensio esset modus alicujus entis, concipi non posset sine aliquo ente cujus ipsa esset modus: tamen facillimè sola concipitur, ergo nullius entis modus est. Sed consulatur Autor ipse lib. 3. c. 8. videbuntur ejus probationes multo validiores quàm hic appareant in compendium redactæ & nonnihil turbato ordine.

XVI.

Ad primam rationem satis habet Ludovicus à Villa reposuisse *Non omnes Scholasticos essentiam materia collacare in eo quod sit subjectum extensionis, seque ostendisse compo-*

I   *sitio-*

sitionem partium esse attributum an-
tecedens extensionem formalem. Im-
punè ergo possum ego hinc facere
gradum ad vindicias 2æ rationis.
Duas in ea propositiones ut falsas
exagitat Adversarius, nempe *ex ma-*
teria extensionis experte nihil ho-
rum quæ videmus effici posse, & *ex*
sola extensione mundum hunc effici
posse. Probat falsitatem prioris quia
de fide sit corpus humanum posse
fieri absque extensione formali: posterioris verò quia extensio ut pote
modus entis nunquam sola esse potest, nedum ut ex ea sola quidpiam
construi valeat. Evidens est nihil
esse hîc quod nos remoretur nam
autoritas Conciliorum non hujus
erat loci in quo receperat Autor
ostendere *rationes Cartesianorum*
natura sua vel manifestè falsas vel
saltem valdè dubias fore, si vel ma-
ximè nihil decretum fuisset ab Ec-
clesia ipsis contrarium. Sufficit bre-
viter cum ipso expostulare quod
non

non promissis steterit , quod toto
suo libro usus autoritate , ne quidem in eo articulo ratione solâ caufam suam agere potuerit in quo jure
omni præjudiciorum Ecclesiastico-
rum in Cartesianos abstinere necessariò eum oportuerat, sed identidem
ad fidem tanquam ad sacram ancho-
ram perfugerit. Utrum verò extensio sit modus entis an verò ens , videbitur in vindiciis ʒæ rationis.

XVII.

Adversus ʒᵃᵐ rationem dicit
Ludovicus à Villa *passim Philoso-*
phos asserere se concipiendo extensio-
nem concipere eam necessariò ut ex-
tensionem alicujus rei , & quæcun-
que tandem fiat à nobis abstractio
non tamen concipi extensionem quin
concipiatur aliqua res extensa ; ip-
sum Cartesium quamquam perpetuò
supponentem extensionem esse sub-
stantiam fateri tamen nihil nullam
posse esse extensionem. *Et verò agi*
hic de extensione positivâ & sitâ in

                      po-

positione partium extra se invicem:
quo autem modo extensionem positi-
vam concipi posse quæ nullius rei extensio sit, & positionem partium extra se invicem absque idea partium
extra se positarum? non magis posse
concipi extensionem solam quàm durationem solam, atqui durationem
semper concipi ut durationem alicujus rei nec concipi posse quin concipiatur aliquid durans, ergo à pari extensionem semper concipi ut extensionem alicujus rei nec concipi posse
quin concipiatur aliquid extensum,
atque adeò extensionem æquè esse
modum entis ac durationem, præsertim quia de tempore ratiocinandum
sit quemadmodum de loco, atqui existentia duorum corporum vel in eodem vel in diverso tempore esse ad
summum duos diversos modos essendi horum corporum, ergo positionem
duarum partium materiæ vel in eodem vel in diverso loco, esse solùm
duos diversos modos essendi harum

par-

partium materiæ. Sed quàm facilè poterat Autor nobis gratiam facere istorum sermonum , si contemtis rationum argutiis, candidè voluisset rem examinare juxta principia Adversarii sui. Quî enim non videt se peccare *ignoratione elenchi* & congredi cum hoste imaginario ? quî non animadvertit Cartesianum quem impugnat vel in primis fateri, non posse concipi extensionem quin concipiatur res extensa ? Nonne qui dicit extensionem concipi potiùs ut ens quàm ut modum entis apertè declarat non posse concipi extensionem nisi sub ideâ rei vel substantiæ, & per consequens nisi sub idea rei extensæ ? Quis ergo usus , quæve utilitas tot instantiarum quæ supponunt Autorem *disquisitionis* credidisse extensionem posse concipi non conceptâ re extensâ, qui è contra hinc probat extensionem non esse modum entis quia eadem est idea extensionis , quæ rei extensæ ? Discutia-

I 3

cutiamus nubeculam qua obtectum
voluit statum controversiæ Ludovicus à Villa homo sanè acutus & disputandi vetus, ut verisimile est. Cùm
dicimus extensionem concipi solam, non intelligimus eam concipi
sine re extensâ sed concipi ut identi-
ficatam cum re extensa ita ut è re
extensa & extensione exurgat unum
simplex & totale objectum, cujus
idea pereat funditus si alterutrum
vel extensio vel res extensa tollatur.
Illud in modos entis nequaquam
competit, quamvis enim nequea-
mus concipere motum sine aliqua
re quæ moveatur, non tamen concipimus motum ut identificatum
cum re quę movetur ita ut ex motu
& re que movetur exurgat unum
simplex & totale objectum cujus
idea funditus pereat si tollatur motus, quippe evidens est sublato motu superesse nihilo seciùs ideam rei
quę movebatur. Idem dic de amore vel gaudio respectu animę. Ne
verò

verò impingamus in offendiculum
quod in causa fuit cur Philosophi
entia multiplicaverint sine necessitate, observo multa esse vocabula di-
versæomnino formæquę nihilominus
rem eamdem significant, ut *existen-
tia*, *existere*, *existens* : *rationale*, *rationalitas* &c. non ergo credendum
extensionem & extensum esse duo
entia distincta quia nominibus *sub-
stantivo & adjectivo* designantur,
alioquin rationale resolvi deberet
in habens rationalitatem tanquam
in duo entia distincta realiter, quod
esset absurdum. Si animus esset subtilitatibus dare operam & in eo mu-
staceo laureolam quærere, iisdem
rationibus quibus utitur Ludovicus
à Villa probare possemus humanitatem & spiritualitatem non esse
substantias, sed accidentia sine quibus conservari possint homo & spiritus : sicut enim factis quibuscunque præcisionibus concipere non va-
lemus extensionem quin concipia-
I 4   mus

mus rem extensam , nec extensio
positiva potest esse quę nullius rei
extensio sit ; ita concipere non vale-
mus humanitatem quin concipiamus naturam humanam ; spiritualitatem quin concipiamus rem spiritualem , nec ulla potest esse 'humanitas aut spiritualitas quæ nullius rei
sit humanitas vel spiritualitas. At e-
nim sicut malè inde colligeres spiritualitatem esse accidens separabile à
re spirituali , & humanitatem à natura humana , ita malè colligis extensionem esse accidens separabile
à re extensa : & sicut certum est humanitatem esse ipsam naturam humanam , & spiritualitatem rationa-
litatemque animę esse ipsam animam , quamvis non possint concipi
sine aliqua re cujus sint ; ita certum
est extensionem esse ipsam substantiam extensam licet concipi nequeat
sine re cujus sit extensio. Videat Autor quantum tribui debeat respon-
sionibus quæ non magisprobant ex-
ten-

tensionem esse modum quàm rationalitatem : & quantum rationibus
quæ eodem modo probant extensionem esse ens non verò modum
entis , quo probatur rationalitas esse
ens non verò modus entis. Perpen-
dat , amabo , sequens ratiocinium
& cognoscet extensionem non esse
modum entis. Omnis modus est in
aliqua substantia tanquam in subjecto , sed extensio in nullâ potest esse
substantia tanquam in subjecto , ergo non est modus entis. Probatur
minor quia extensio nec accidere
potest subjecto extenso nec subjecto
inextenso. Non subjecto extenso;
quare enim natura conferret subjecto jam extenso extensionem, cumque extensio sit necessariò extensa
quomodo natura posset simul ponere in eodem loco extensionem &
subjectum extensum ? Esset hæc ve-
ra & realis penetratio dimensio-
num. Non potest etiam extensio
advenire subjecto inextenso , quia

I 5   debet

debet esse unio intima & penetra-
tiva inter sujectum & accidens, qualis nulla esse potest inter rem quæ
occupat locum, & rem quæ non occupat locum, ut per se patet. Manifestum est attendenti rem inextensam non esse in loco. Quisquis
ergo dicit extensionem non esse
substantiam fallitur.

XVIII.

Exemplum durationis nobiscum
facit quia juxta ferè omnes Philosophos etiam Scholasticos duratio non
est modus realiter distinctus à re durante sed ipsamet res prout perma-
nens in esse suo, & si qui sint qui
intricatis argutiis probare conentur
eam esse modum distinctum, ii ri-
sum potius quàm fidem faciunt.
Certè duratio non videtur posse differre ab existentia cùm impossibile
sit etiam divinitùs rem existere, quin
duret si maximè supponas nihil aliud
ipsi advenire : existentia verò non
distinguitur à re existente quamvis
non

non possit concipi sine aliqua re existente, ergo duratio non distingui-
guitur à re existente sive durante,
quamvis necessariò concipiatur ut
duratio alicujus rei unde refellitur
adhuc ratiocinatio autoris qua vult
probare, quidquid non potest concipi quin concipiatur res aliqua ut
modificata, esse modum illius rei
distinctum & separabilem ab illa,
minimè revocans in memoriam
modorum essentialium quos omnes
Sectæ admittere tenentur. Quis
enim Peripateticus negare audeat
rationale & irrationale esse duos
varios modos essendi animalis, quorum alter constituit essentiam hominis, alter essentiam bestiæ? liceat
ergo dicere nobis extensionem esse
modum essendi substantiæ consti-
tuentem essentiam corporis. Magna,
inquis, est disparitas, nam rationale & irrationale non sunt duo modi
essendi hominis, sed solùm animalis; extensio verò & inextensio non

I 6　　　solùm

solùm duo sunt modi essendi substantiæ sed etiam corporis, duo enim
corpora non minùs indifferentia
sunt ut existant in eodem vel in diverso loco quàm ut existant eodem
vel diverso tempore. Jam supra
probavi partes materiæ esse natura
sua extra se invicem : nihilominus
cedens jure hinc mihi quæsito respondeo 1° quidem corpora posse
esse vel eodem vel diverso tempore
si tempus sumatur pro mensura durationis, cœlorum motu v. gr. nam
evidens est illa posse correspondere
iisdem vel diversis cœlorum revo-
lutionibus ; non verò si tempus sumatur pro ipsa duratione , quia evidens est æquè esse impossibile ut duratio unius corporis sit duratio alterius, sive ut unum corpus duret duratione alterius , ac ut unum corpus
sit alterum & existat existentiâ alte-
nâ. Possunt ergo corpora eodem
esse tempore extrinseco , sed non
intrinseco. Ergo ut argumentemur
à pari

à pari dicendum est corpora posse
existere in eodem vel in diverso loco externo, puta in eadem vel in diversa urbe, sed non in eodem loco
interno sive eadem numero parte
spatii. 2° corpora eatenus solùm esse
indifferentia ut sint eodem vel diverso tempore quatenus possunt
produci, vel destrui unum ante alterum, nam si existant fieri nequit
etiam divinitus ut sint tempore diverso, ergo à pari corpora non aliter indifferentia sunt ut existant in
eodem vel diverso loco quàm quia
unum potest hic poni v. gr. ante
quàm aliud. Unde patet exemplum
ab Adversario allatum non solùm
non probare quod ipse intendit, sed
etiam probare aliquid quod ab ipso
rejicitur, nempe corpora existentia
esse determinata omnimodâ necessitate ut sint in eodem loco, quemadmodum determinata sunt absolutè ut sint eodem tempore. Si verò, ut ipse cupit, ratiocinemur de
tem-

tempore quemadmodum de loco,
dicendum erit corpora nec simul
nec successivè posse esse in eodem
loco interno, & quæ simul existunt,
ne quidem divinitùs posse poni in
diversis locis extrinsecis : nam nec
simul nec successivè corpora possunt habere idem tempus internum,
& quæ simul existunt, ne quidem
divinitùs coexistere possunt diverso
tempori extrinseco. Atqui ista sese
mutuò confodiunt, & adeò non sa-
piunt Scholasticis ut corpora posse
equidem penetrari, sed nonnisi ad-
hibito miraculo primarum partium;
naturaliter verò sese expellere ex
eodem spatio, firma sit eorum sententia, ergo. Quantò commodius
explicatur à nobis sine ulla plurium
corporum in eodem spatio simulta-
nea positione eorum indifferentia ut
sint in eodem vel diverso tum loco
tum tempore, dicendo existentiam
Cæsaris v. gr. non fuisse natura sua
affixam urbi Romæ vel sæculo

Pom-

Pompeii, sed potuisse illum indiscriminatim vel produci fratrem geminum Cyri vel Mosis, & ex quo productus est, vel mori eodem momento quo Pompeium vel diverso : sedere in eodem subsellio quodPompeius occupasset antea, vel in diverso. Non satis ergo perpenderat *locum à simili* Ludovicus à Villa ut qui comparationem adhibuerit qua ipse indutus est , & cujus alterum membrum non nisi per miraculum esse valeat in eo statu unde alterum ne quidem miraculosè potest dejici.

XIX.

Sed levis fortean fuerit culpa rationes adhibuisse propter quas sibi contingat vetus illud, *sensit medios delapsus in hostes.* At hoc minimè ferendum, supprimere clausulas integras quò Adversarium insulsi ratiocinii manifestum, ridendum propinare possis, ut factum est ab isto Peripatetico qui sic loquentem inducit Autorem *disquisitionis. Ex-*
ten-

tensio est ens : materia est unum ens ,
ergo materia est extensio. Protinuf-
que admirabundus quærit , *qui fieri*
possit ut vir tanto ingenio præditus
tam male ratiocinetur ? moxque al-
lato in medium syllogismo ejusdem
formæ quem cum ratiocinio Adversarii sui in syllogismum redacto
comparat , subjungit , *verendam si-*
bi fuisse imposturæ accusationem nisi
ipsissima Autoris verba allegasset ,
nisi utriusque libri tum sui tum Ad-
versarii perinde lectio obvia esset
unicuique ; nisi hac solum forma in-
dui posset ejus argumentum. Ego
vero vicissim , quæram admirabundus qui fieri possit ut Vir accusato-
rem agens Cartesianorum sedente
Clero Gallicano tam supine libros
examinet unde suas probationes
eruit, tamque securus Lectorum judicii, ad eorum oculos provocet ?
Nam evidens fieri potest autopsiâ,
Autorem *disquisitionis* ante omnia
supponere extensionem esse intime

con-

conjunctam cum materia, ex quo sequitur illam esse in materia vel ut animam in corpore humano, vel ut motum in lapide projecto. Probat deinde illam nec esse in materia ut motum in lapide projecto, quia non est modus entis sed ens; nec ut animam in corpore humano quia materia non est unum compositum ex multis entibus, sicut homo : jure ergo concludit eam esse in materia ut quid identificatum cum illa, ergo esse materiam, ut proinde iste sit habitus totius ratiocinii.

Quod est in materia nec tamen est modus illius,
vel substantia ipsi adjuncta, est ipsa materia
Extensio est ejusmodi
Ergo extensio est ipsa materia

Si quæ est labes in ea ratiocinatione, neutiquam formæ fuerit, sed rationumprobantium minorempropositionem, nec ullus, opinor, Logicus simili via probare nollet spiritualitatem esse ipsam animam hominis, ergo Ludovicus à Villa mutilum

tilum exhibuit nobis argumentum
Adverfarii fui, fyllogifmoque im-
mane quantum diverfo compara-
tum, quod fraudis eft vel negligen-
tiæ, ergo parùm honefta de caufa
exultavit.

XX.

Liceat jam mihi defuncto mune-
re quod fufceperam refutandi exce-
ptiones iftius Autoris verba D. Au-
guftini quibus ipfe utitur, paululum
immutata ufurpare *Ecce quibus argumentis* evidentiç rationis *humana
contradicit* credulitas *quam poffidet*
obfcuritas : ac demùm receptui ca-
nere fi prius Lectorem obfervare
rogaverim 1° rationes quas ego vin-
dicavi nec omnes effe quibus con-
ftabilitur Cartefianorum fententia
& poffe adhuc evidentiores fieri ma-
gifque invictam conficere demon-
ftrationem fi non fparfim in variis
Autoribus legantur, fed omnes in
unum collectæ & methodo Geo-
metrica vel etiam Scholaftica pro-
po-

positæ. 2. allatam esse contra illas rationes non turbam inconditam objectionum sed delectum specio- sioris cujusque & subtilioris ita ut is videatur ultimus conatus Sectæ Pe- ripateticæ. Neque enim , *si credere dignum est* , liber Ludovici à Villa priùs in publicum prodiit quàm ce- leberrimi quique Peripateticorum capita contulerint , ac de illo perpo- liendo anxiè deliberaverint , inte- græque adeò sodalitates , ut natio- nes olim ad construendum fanum Dianæ Ephesinæ , operam suam impenderint. Si ergo liber tanta in- dustria elaboratus , de quo tantope- re se amant Adversarii , propter quem faustis ominibus & acclama- tionibus Lycæum personuit , non potuerit officere nostræ doctrinę , debet ea censeri extra omnem aleam posita si non aliis quàm Phi- losophicis machinis impetatur. 3° non continuò evidentiam alicujus doctrinæ evanescere si argutæ quæ-

dam

dam & morofiores diftinctiones vel
difficultates ipfi opponantur , alio-
qui dubitandum foret de motus exi-
ftentia contra quam fubtiliter olim
differuit Zeno : fed ficubi rixandi in-
temperies malè feriatorum hominum veritatibus evidentibus offu-
cias paret , provocandum effe ad
lumen naturale , illudque reputan-
dum qui pugnant adverfus identitatem materiæ cum extenfione poffe
pugnare fimili modo non folùm
contra identitatem materiæ cum
exigentia extenfionis , fed etiam
contra quamlibet aliam doctrinam
fpretis quibufcunque confectariis ri-
diculis , unde fequitur nihil nos mo-
rari debere eorum inftantias. 4, ficut verum eft , extenfionem non effe effentiam materiæ fi hoc fidei re-
pugnet , & omne principium Philo-
fophicum revelationi contrarium ,
effe falfum : ita verum effe, fi extenfio fit effentia materiæ nullam reve-
lationem huic rei repugnare, & omne

ne dogma Theologicum contrarium, esse falsum. 5° absonam esse
prorsus hac in parte quamplurium
Recentiorum doctrinam qui de cætero satis fastuose rejectâ vulgari
Philosophia, tamen præ se ferre
amant non sibi videri extensionem
identificari cum materia, sive amo-
liendæ invidiæ causâ, sive ad aucu-
pandam aliquorum gratiam. Illis si
dixeris lapides tendere deorsum
gravitate innata, calorem ignis distingui à motu & figura ejus particularum &c. rident enimvero, deli-
cias faciunt, sibi narrari somnia, entia rationis, & universam secunda-
rum intentiorum propaginem que-
runtur. Interim ultro fatentur materiam esse natura sua inextensam,
hoc est extensionem totius mundi
& omne genus figurarum educta
fuisse ex puncto ; ens reale factum
esse ex præjacente subjecto & tamen adæquatè distingui ab illo; non
creatum fuisse, non factum ex nihilo
licet

licet quidquid ejus entitatem com-
ponit antea fuerit merum nihil ; non
annihilari quando destruitur , licet
omnia quæ ipsum componebant ,
funditùs aboleantur ; causam mate-
rialem non ingredi compositionem
sui effectus ; ignem rarefacientem
materiam edere opus creatione mi-
rabilius (sicut enim difficilius esset
mutare Angelum in lapidem sive
facere lapidem ex Angelo quàm
creare Angelum , ut benê observavit Autor *disquisitionis l. 3. c. 3.* ita
difficilius est convertere rem inextensam in extensam quàm creare illam) frigus condensans aerem opus
edere annihilatione difficilius , quia
annihilat reapse aliquid extensionis
& simul non annihilat; extensionem
posse produci & destrui virtute creata & tamen impenetrabilitatem quæ
est ipsius appendix non posse tolli
nisi per miraculum ; materiam fieri
extensam & impenetrabilem adjun-
ctione accidentium quæ actu ipsam

pene-

penetrant, quod idem est ac si dice-
retur reddi incapax caloris adjun-
ctione formæ ipsam actu calefacien-
tis ; mundi molem posse redigi in
punctum salvâ distinctione omnium
specierum ita ut ignis motu, calore,
luce &c. destitutus & in eodem loco
indivisibili positus cum aqna experte
frigoris, fluiditatis &c. differat specie ab illa ; & sexcenta ejusmodi
passim à nobis observata præsertim
sub finem sect. 13. vel facilè indi-
canda si non ad finem properare-
mus, præ quibus nihil habet Philosophia Peripatetica non summoperè
conspicuum. Quid enim ? qui semel
osculatus fuerit eductionem extensionis propemodum infinitæ ex puncto, audebitne movere litem formis substantialibus? His verò semel
admissis quâ fronte rejiciet antiperi-
stasim, ideæ distinctæ carentiam
causatus ? Profecto nihil ampliùs
ipsi causæ est quominus fruatur
commodissimâ effectus omnes ex-
pli-

plicandi ratione quæ obtinet in Scholis, assignatâ unicuique Phænomeno sua facultate, quæ si nomine peculiari donetur, manifesta vocatur qualitas ut calor : sin minus, occulta, ut virtus magnetis. At non concipitur, inquies, clarè ac distinctè quid sit calor apud Peripateticos. Papæ ! quantum mutatus ab illo hoc quereris qui formarum eductionem admisisti. Tuumne est tenebras expostulare qui fatearis corpus humanum, ignem &c. omni extensione & qualitate sensibili exutum retinere tamen totam corporis humani & ignis essentiam ? an clarè & distinctè concipis differentiam specificam ignis & aquæ per penetrationem resolutorum usque ad sua 1^a principia ? an quid sit extensio realiter distincta à re extensa, impenetrabilitas distincta tum à re extensa tum ab extensione, res non facta ex ullo ente nec tamen creata &c.

si

si ab ipso limine tibi verba dari vo-
luisti, postulat Doctrinę ratio ut in
toto decursu in verbis acquiescas,
nec si quis doceat corpus humanum
redactum in cineres retinere corporis humani essentiam, vel quid
aliud à sensu communi abhorrens,
juris quidpiam tibi est obscuritatis
nomine ea rejiciendi. Ut paucis
complectar quod res est, nisi certa
principia pręstruantur toti Physicę,
nisi ideam distinctam & claram na-
turę corporis ejusque proprietatum
teneamus, desperanda est laus in-
stauratę naturalis Philosophię, ve-
rique Philosophi explicantis potiùs
effectus per causas, quàm effectus
effectibus cumulantis. Frustra ve-
xamus corpora, frustra ad fornaces
insudamus, frustra analysin Mixto-
rum molimur: Plinios solùm habi-
ri sumus Compilatores experien-
tiarum & Naturæ Historicos: ac ne
Historicos quidem quorum est in
abditos sensus & secretiores rerum

K.

ge-

gestarum caufas inquirere nec minus cur quidquid actum fuerit quàm
quid actum fuerit enucleare , fed
meros Annalium conditores quibus eventus expofuiffe fatis eft. Fru-
ftra Scholafticos deferimus quis
enim ipfis dicentibus lucem effe
qualitatem prætulerit Phyficum illum inter Recentiores valdè cele-
brem qui dicit lucem effe fpiritum
igneum nec prorfus incorporeum,
nec prorfus corporeum, extenfum
localiter & quantum fed indivifibi-
lem, diffufione inftantanea, motu
activo & penetrativo præditum ,
proindeque diftinctum à corpore:
quæ omnia ideam corporis & fpiritus confundunt, & in conceptus va-
gos & indiftinctos denuò nos im-
mergunt.

FINIS.

THESES PHILOSOPHICÆ.

I.

C *Redimus Logicam multò esse utiliorem ac studio bene Philosophantium digniorem, quàm passim existiment Recentiores Philosophi.*

Nempe quod sæpe aliis contigerat, id ipsum usuvenit Philosophis, qui veteri & vulgari Aristoteleorum Doctrinæ moverunt status controversiam , ut τῇ ἀμελείᾳ τῆ ἀντολκῆς plus æquo Logicam negligendam crediderint, dum nimium argutiarum Dialecticæ studium quo laborare videbant Scholasticos, effugere voluerunt. Atqui meminisse oportebat

tebat sic abusum rei tollendum esse, ut non etiam usus tollatur legitimus. Indulserant nimis subtilitatibus & morosis captiosisque distinctionibus scholæ Philosophorum, fateor ; & ut olim Euclides Megarensis immoderatâ Logicæ curâ λύσσαν ἐριστικήν *rabiem disputandi* animis instillaverant, atque etiam experiebantur quod ait Cicero, *Dialecticos ad extremum ipsos se compungere suis acuminibus, & multa quærendo reperire non modo ea quæ jam non possint ipsi dissolvere, sed etiam quibus ante exorsa & priùs detexta propè retexamtur* ; id quoque fateor : sed tamen illud remedii malo non adhibendum erat, quod exanguem prorsus atque aridiorem Logicam efficeret. Multa sunt bonæ frugis in vægrandibus illis Scholasticorum voluminibus, quæ ab omni fæce repurgata non sine operæ pretio transferri poterant in Recentiorum Philosophiam. Scholasticorum adver-

Diogen. Laertius, l. 2. de vit, Philosop. in Euclide

De Orator. l. 2. c. 38.

versarios modum tenere nescios
fuisse judicavit summus vir Hugo
Grotius, cujus hæc sunt verba, *Et
mihi Aurelius interdum sufflaminis
egere videtur, nam quorsum tantus
Suarezii contemptus, hominis, si
quid rectè judico, in Philosophia,
cui hoc tempore connexa est Schola-
stica Theologia, tantæ subtilitatis,
ut vix quemquam habeat parem ?*
Vel unus Martinus Smiglecius Jesuita Polonus Socinianorum oppu-
gnator haud unus è multis; fidem
facere potest fructum haud medio-
crem capi posse ex usu vulgaris
Dialecticæ : nam ejus in Logicam
Aristotelis Commentarii, prolixio-
res equidem, sed docti & laboriosi,
omnia continere videntur, quæ ad
naturam operationum intellectus,
ad vim ratiocinandi, ad fundamen-
ta & principia veritatis pertinent, &
si ea exceperis quæ ipsi inhærere necesse erat vel falsa vel abstrusiora ab
ingenio Sectæ quam sequebatur,

In Epist. ad Joan. Cordesium, apud Balzacium, epistolis select. latin. P. 172.

K 3

cer-

certant in eo foliditas judicii cum
fubtilitate atque perfpicuitate. Au-
dire eft paffim Recentiores Philo-
fophos dicentes tribus poffe paginis
includi quæcunque de Logica fcire
oportet. Sed hoc falfiffimum effe
oftendunt Claubergii Philofophi
Cartefiani Logica, & *Ars cogitan-*
di, à doctiffimo alio Cartefiano
compofita, qui duo funt tractatus
admodum uberes & copiofi, licet
nullas Scholafticorum inanitates
corraferinr, feveriorique falce re-
fecuerint inutiles eorum Difputa-
tiones.

I I.

Ideæ, judicia, & ratiocinia
prout ad verum dirigibilia, funt ob-
jectum Logicæ : at falfum effe vide-
tur tria hæc cogitationum genera
pertinere ad intellectum, quippe ve-
rifimilius eft judicium effe actum vo-
luntatis, quam effe actum intelle-
ctus.

Com-

Communis est admodum inter Philosophos sententia , animam quatenus cognoscit non solùm objecta apprehendere , sed etiam de iis judicium ferre , tum per negationem tum per affirmationem , ac ex duobus judiciis colligere tertium. Sed quidam inter Recentiores acriùs examinatâ naturâ cogitationum animæ , suspicati sunt animam prout cognoscit puram esse potentiam passivam , & si quam habeat activitatem , habere eam quatenus est facultate volendi prædita. Hinc sequitur affirmationem & negationem non pertinere ad animam quatenus cognoscit , sed quatenus vult , etenim causa quæ affirmat vel negat , quæ assentitur ideis oblatis , vel ab eis dissentit , revera agit non verò patitur. Hanc autem conjecturam non carere fundamento hinc maximè probatur , quod affirmatio sit adæquatè distincta à cognitione subjecti & prædicati , nec

K 4   non

non à cognitione nexus subjecti
cum prædicato, nam fieri potest ut
quis perfectè cognoscat integram
hanc propositionem, *Terra move-*
tur circa suum centrum, neque tamen affirmet illam esse veram. Nimirum ita cognosci potest, quid sit
terra, quid sit motus circa centrum, quid sit terram & motum
circa centrum conjungi simul, ut
tamen ille qui hæc omnia concipit
distinctè, non affirmet terram moveri circa suum centrum. Potest
etiam abstinere à neganda illa pro-
positione dum clarè intelligit sensum illius, ergo in eodem intellectu possunt esse simul distincta idea
subjecti & prædicati, & connexio-
nis prædicati cum subjecto, & carentia assensus atque dissensus, ergo assensus & dissensus sunt actus
distincti à cognitione. Hoc ulteriùs
inde probatur quod certum sit duos
homines quorum alter negat, alter
affirmat, terram moveri circa suum

cen-

centrum , posse pari evidentia in-
telligere totam hanc propositionem , *Terra movetur circa suum
centrum.* Sunt ergo pares quoad
cognitionem objecti , & differunt
solùm quatenus alter affirmat alter
verò negat existentiam objecti ,
quod ambo clarè intelligunt , ergo
affirmatio & negatio qua tales non
sunt cognitio , licet eam supponant
necessariò , ergo non fluunt ab anima quatenus est intellectus , ergo
fluunt ab ipsa quatenus est voluntas. Nec obstat quod assensus non
semper gratus , non semper in nostra potestate positus esse videatur,
ut patebit solutione objectionum si
quæ proponentur.

III.

*Inter ideas quæ à Logicâ dirigun-
tur ad verum, aliquæ sunt universales, aliquæ verò singulares. Prioris ordinis sunt genera & species de
quibus tot volumina fuerunt con-
scripta : posterioris verò illa quibus*

K 5

indi-

individua cognoscimus. Affirmamus autem non modo esse in mente nostra ideas quæ multarum rerum à se invicem distinctarum similitudinem repræsentent, sed etiam existere multas substantias à se invicem realiter & adæquatè distinctas, similes tamen in attributis quæ in idea substantiæ continentur.

Hæc Thesis è diametro adversatur principiis Spinozæ, qui in Opere posthumo obscurissimo & intricatissimo asserere non dubitavit, nullam dari neque concipi posse substantiam præter unam quam Deum vocat. Non novus est hic error Spinosæ, nam inter veteres Ethnicos Alexander Epicureus (idem ille fortasse de quo Plutarchus Symposiac. lib. 2. cap. 3.) dixit teste Alberto Magno, *Deum esse materiam, vel non esse extra ipsam, & omnia essentialiter esse Deum, & formas esse accidentia*

ima-

imaginata, & non habere veram entitatem, & ideò dixit omnia idem esse substantialiter, & hunc Deum appellavit aliquando Palladem. Inter Christianos verò quidam *David de Dinanto* qui vixit imperante Philippo Barbarossæ filio circa annum Domini 1204. cujusque libri damnati & exusti sunt, quemque Theophilus Raynaudus jure merito vocat, *Christiani nominis probrum*, docendo Deum esse materiam primam nihil aliud sibi voluit quàm mundum & Deum unam esse eandemque substantiam, quemadmodum colligere pronum est ex eo quod præceptor ejus Almaricus, cujus ipse opinionem in omnibus sectabatur, (ut ait Prateolus in Elencho Hæresium) docuerit omnia esse Deum : Deum esse omnia : Creatorem & Creaturam idem : Ideas creare & creari : Deum ideò dici finem omnium quod omnia reversura sunt in

Benedict. Pererius, de communib. princip. l. 5. c. 12.

Theolog. natur. dist. 6. n. 6.

                    ipsum,

ipsum , ut in Deo immutabiliter conquiescant , & unum individuum atque incommutabile permaneant: & sicut alterius naturæ non est Abraham , alterius Isaac , sed unius atque ejusdem , sic omnia esse unum, & omnia esse Deum, Deum enim esse essentiam omnium creaturarum. Hæc de Almarico tradit Gerson Academiæ Parisinæ Cancellarius celeberrimus tempore Concilii Constantiensis , tractat. de concord. Metaphys. cum Log. part. 4. & testes laudat Odonem Tusculanum & Hostiensem , qui observavit Almaricum errores suos hausisse è libro cujusdam Joannis Scoti Erigenæ. Cerebrosa hæc commenta proposuisse , abundè refutasse est.

I V.

Idea substantiæ duas cognoscitur comprehendere sub se species , nimirum substantiam corpoream , & substantiam spiritualem , quarum
illa

*illa est objectum Physicæ, hæc verò
in Metaphisica considerari solet.
Substantiæ corporeæ natura in
actuali extensione posita est.*

Non meliùs probari potest, ut
mihi quidem videtur, actualem
extensionem constituere essentiam
corporis, quàm hoc ratiocinio. Corpus est extensum, ergo est extensum per se & naturâ suâ. Consequentia probatur quia nemo unquam explicabit quomodo corpus
quod naturâ suâ careret extensione, fieret extensum. Non posset
sanè fieri extensum, nisi acquirendo
extensionem. Sed quomodo acqui-
reret illam ? Sine dubio quia Deus
vel aliud agens quodpiam produce-
ret extensionem, eamque uniret
corpori. Sed jam ego quæro utrum
ea extensio foret extensa nec ne ?
Esset sanè extensa, quomodo enim
dici posset extensio si esset inextensa, aut quomodo ipsa inextensa, ex-
ten-

tensam posset reddere materiam?
Si esset extensa, iterum quæro an
foret extensa per se an verò per
aliud? Si per aliud, datur progressus in infinitum : si per se, fateris
ergo aliquod esse ens extensum per
se, quidni ergo id ipsum de corpore statuis, ut non multiplices entia
sine necessitate? Adde quod sicut
fieri nequit ut res aliqua sit formaliter alba albedine alienâ, vel læta
gaudio alieno, ita etiam fieri nequit
ut sit formaliter extensa extensione
alienâ, hoc est extensione realiter
à se distinctâ. Ut prætermittam corpus non fore magis extensum si uni-
retur extensioni à se totaliter distinctæ, quàm anima fiat materialis
cum unitur materiæ, vel lignum
fiat aurum, quando auro apponi-
tur. Atque hæc argumenta non solùm probant extensionem non distingui à corpore, sed accidentia
quoque corporis esse modificationes extensionis ab ipsa minimè distinctas.   V.

V.

*Scimus omnes modificationes ex-
tensionis per quas corpora diversa
sunt à se invicem, oriri è solo motu
locali, sed neutiquam scimus veram
& genuinam naturam motus loca-
lis : saltem nulla est definitio illius
inter Philosophos obtinens quam
inexplicabilem esse non pronuncie-
mus.*

Difficultas explicandi naturam
motûs oritur ex eo quod n on possit
explicari quid sit motus , quin simul explicetur quid sit locus , explicare autem quid sit locus , res est
in paucis ardua , nam vel dicendum
est locum esse extensionem distinctam à corpore , vel esse ipsam extensionem corporis. Si prius ; tum
iterum quæritur an ea extensio distincta à corpore sit substantia an
verò accidens , an verò nihil , &
quidquid respondeas , urgent te argumenta inenodabilia. Si posterius,

tum

tum verò quæritur quomodo motus diſtinguatur à quiete , neque facile diſcrimen illud aſſignatur, nam
ſi , ut volunt Carteſiani , ſpatium,
locus & corpus ſint realiter una ea-
demque ſubſtantia , ſequitur motum conſiſtere in mera mutatione
relationum diſtantiæ & vicinitatis,
quæ mutatio cùm non minùs con-
veniat corpori quieſcenti à quo
aliud recedit, quàm corpori rece-
denti, ſequitur motum æquè eſſe
in corpore quieſcente ac in corpore
quod moveri dicitur. Fruſtra dices
corpus moveri quando transfertur
é vicinia corporum quæ ut immota
ſpectantur , in viciniam aliorum,
quippe antequam probè teneatur
motus natura , ignoretur neceſſe eſt
quid ſit quies, & quid eſſe immo-
tum , ergo cognitio quietis non poteſt eſſe criterium motus , ſive non
poſſumus definire motum depen-
denter à cognitione quietis quam
adhuc inquirimus , qui enim ignorat

rat quid sit motus, ille profecto ignorat quid sit quies. Adde quod si quis morosiùs quærat quid debeat producere Deus in ea materiæ portione quàm è quiescente vult reddere motam, quidve quando vult eam velociùs vel tardiùs moveri, difficultates emergunt quibus humana intelligentia absorbeatur. Neque id mirum quandoquidem velocitas cognosci nequit, si tempus non cognoscatur, cujus natura arcanum est quod Deum clam nobis esse voluit.

VI.

Ex eo quod natura loci & motus sit inexplicabilis, sequitur explicari non posse quid sit tempus, proinde ne forte quis cavilletur nos disputandi ansam præreptum ire, recipimus propugnare temporis naturam esse in explicabilem : imo esse inexplicabilem iis quoque qui explicare possent quid sit motus.

Pa-

Parùm abest quin ludibrium debeant qui dicere sustinent tempus & motum esse idem. Quasi verò res quiescentes non durent æquè ac illæ quæ moventur. Dicant motum esse mensuram durationis rerum, nemo ipsis refragabitur dummodo intelligant tempus esse mensuram durationis non absolutè & simpliciter, sed erga homines cognoscere cupientes an res una diuturnior fuerit alterâ. Hoc modo cognoscimus attendentes ad motum cœli quot dies mensesve collocati fuerint in aliqua re conficienda : sed multùm abest ut propptereà sciamus quid sit absolutè rem multùm vel parum durare, neque illi hallucinari videntur qui credunt intra horam posse tot cogitationibus diversis affici aliquem spiritum ut ea hora instar plurium annorum ipsi sit videnda : quo semel posito evidens est, quod à nobis vocatur annus, posse videri sæculum spiritibus animâ nostrâ

tra perfectioribus, atque adeò fu-
gere nos absolutæ durationis ideam
& mensuram. Quidquid id est, liceat dicere motum esse mensuram
temporis quoad nos, sed caveant
dicere motum esse tempus, & ut
errorem suum tueri possint, desi-
nant dicere mundum non potuisse
creari & conservari à Deo immo-
tum, concipimus enim clarè & distinctè motum esse accidens corporis, sive non includi in idea corporis, & aliunde certum est Deum
posse conservare substantiam sine
accidentibus illius. At, inquies, sine motu non extitisset pulcherrima
ea generationum varietas in qua
consistit ornatus elegantiaque ope-
ris divini. Quid tum? An Deus qui
sine mundo per totam æternitatem
fælicissimus extitit, beatus esse non
potuisset nisi eam legem motus po-
suisset unde emergerent tot muta-
tiones, quot reapse eveniunt? An
divina fælicitas ita est affixa mundo

ut

ut pendeat ab eo quod hodie musca
generetur vel corrumpatur ? At,
inquiunt, si mundus creatus fuisset
sine motu, saltem Deus creasset
spiritus quorum successivæ cogitationes fuissent tempus. Quàm hæc
parùm consideratè dicuntur ! I. E-
nim & mundus conservari potuisset sine motu, & Deus abstinere à
creandis spiritibus II. Cùm cogitationes successivæ spirituum possint
esse plures vel pauciores intra certum tempus, fieri profecto non potest ut ipsæ sint temporis mensura,
sed è contra tempus est mensura ad
quam componi debent illæ cogitationes, ut cognoscatur quinam spirituum celeriores sint in cogitando
quàm alii. Et quamvis spiritus qui
magis operatur, magis vivere dici
possit moraliter, non tamen Physicè magis durat, alioquin dicendum esset à pari corpora quæ velociùs moventur, magis durare quàm
quæ moventur tardiùs, quod est ab-
sur-

surdum. Itaque certum est tempus
esse distinctum à motu corporum &
à cogitationibus spirituum. Opti-
mè & candidè egit præclarus Ber-
nerius celeberrimi Gassendi Disci-
pulus addictissimus, dum in Tra-
ctatu recens publici juris facto Parisiis, se tandem agnoscere post 30.
annos in studio Philosophiæ im-
pensos fassus est, nihil esse magis in-
certum & obscurum quam quod
circa motus, loci & temporis naturam tradunt nobis Philosophi ; nec
usquam magis testatus est D. Au-
gustinus suam perspicaciam quam
cùm ingenuè fassus est tempus esse
implicatissimum ænigma quod solâ
revelatione votis impetratâ cognosci possit.

Augiest.
Confess.
lib. 11.
cap. 22.

VII.

Verè dixit Cartesius motum com-
municari juxta certas leges , sed
quas ipse singillatim leges credidit
statutas esse inter corpora, illæ vel
falsæ vel parùm utiles sunt expli-
can-

candis Phænomenis. Verbi gratia
inutile est dicere corpus quod move-
tur & alteri occurrit habenti ma-
jorem vim ad permanendum in sua
loco , quàm ipsum habeat ad illud
expellendum , reflecti cum toto suo
motu , nam in principiis Cartesii
nunquam potest habere locum ea
suppositio.

Sic probo ultima verba illius
Thesis. Juxta Cartesii doctrinam
corpus est divisibile in infinitum , &
spatium non distinguitur à corpore,
ergo juxta Cartesii doctrinam spatium est divisibile in infinitum. Hinc
sequitur motum esse divisibilem in
infinitum ; cùm enim nulla sit pars
in mensa v. gr. supra quam movetur globus, qua non possit dari minor, sequitur nullum esse motum
necessarium ad percurrendam
quamlibet partem mensæ quo non
possit dari minor , quippe si supponas globum indigere quatuor gradibus

dibus motus ut percurrat totam
menſam , evidens eſt unum gradum ſufficere ipſi ut percurrat quar-
tam menſæ , & dimidium gradus ut
percurrat octavam partem , & qua-
drantem gradus ut percurrat deci-
mam ſextam , & ſic deinceps ita ut
motus ſemper eadem proportione
decreſcat qua decreſcit ſpatium.
Hinc evidenter demonſtratur nullum eſſe corpus quieſcens , quan-
tamtunque habere ſupponatur molem , cujus reſiſtentia non valeat
ſuperari à globo in ipſum impacto,
ergo ſuppoſitionem de qua in Theſi
nunquam poſſe habere locum. Sup-
ponamus globum ferreum 4. librarum & 4. gradibus motus inſtru-
ctum impingi in incudem mille librarum. Quatuor illi gradus poſſunt dividi in infinitum ut probavimus , ergo poſſunt dividi in mille
& quatuor partes æquales. Aliunde juxta leges communicationis
motus à Carteſio allatas corpus
quod

quod alterum movet eatenus ipſi
communicat de ſuo motu donec
ambo poſteà æquè celeriter moveantur, ergo in ſuppoſitione data
diviſis 4. gradibus celeritatis globi
ferrei quatuor librarum in 1004.
partes æquales, globus debet ſibi
ſervare quatuor partes, & mille
alias cum incude communicare,
nam facta diſtributione in hunc modum, incus 1000. librarum & globus 4. librarum pari celeritate mo-
vebuntur. Cùm ergo juxta Carte-
ſium natura tunc finem ſuum aſſe-
qui poſſit, nempe ut corpus impel-
lens & corpus impulſum æquè celeriter moveantur, non eſt quod incus repellere debeat globum ferreum, non ergo reflecti debet globus, ſed ſuperare reſiſtentiam incudis occurrentis. Cumque juxta
exceſſum quo corpus quodcunque
occurrens ſuperat mole globum
impactum, fieri poſſit talis diviſio
motus ut globus ſervet ſibi ſemper

par-

partem motus suæ magnitudini respondentem , & corpori occurrenti
communicet partem motus illius
magnitudini respondentem , evidens est nunquam corpus occurrens
vires habere posse majores ad permanendum in suo loco , quam mo-
bile ad illud expellendum , ergo
Cartesium supponere rem quæ
juxta ejus principia non potest habere locum ; quod erat probandum.

VIII.

*Motus reflexus videtur oriri à
virtute elastita corporum.*

Sequitur hoc ex ante dictis : si
enim motus potest dividi in infinitum , globus quatuor librarum,
quatuorque gradibus celeritatis instructus, occurrens incudi mille librarum dividit suum motum in
partes æquales quatuor supra mille,
& datis mille incudi, quatuor sibi
servat, ac deinde globus & incus
antrorsum tendunt æquali celerita-

te, ita ut si globus percurrerit intra
unum minutum, unum pedem, incus percurrat millesimam fere
partem pedis intra unum minutum.
Non ergo superesset globo motus
quo regrederetnr in locum unde
fuerat profectus, nisi partes incudis
quas compressit redeuntes ad pri-
stinam figuram virtute sua elastica,
communicarent illi uovum motum
novamque determinationem.

I X.

Rationes quæ probant Deum im-
mediatè producere motum qui cerni-
tur in mundo eæ sunt quibus vix res-
ponderi valeat.

I. Primo enim hoc videtur certissimum corpora non habere motum à se ipsis, & si semel quiescant
nunquam propria virtute sibi ipsis
motum esse datura, quippe distinctè concipimus corpora non tendere potius naturâ sua ad unum statum quàm ad alterum, quia cùm

om-

omnis cognitionis sint expertia, inepta sunt unum statum præ altero sibi esse congruum judicare, atque adeò unum præ altero eligere. Motus ergo qui primo productus est, à Deo immediatè processit. Cùm aliunde certum sit conservationem esse continuatam rei productionem, Dei solius est conservare motum, qui solus eum produxit. Sed non potest Deus aliter conservare motum quàm movendo corpora, ergo quamdiu conservatur motus, tamdiu Deus movet corpora.

II. Motus corporum projectorum nulli causæ corporeæ assignari posse videtur ; non corpori projecto, nam satis evidens est lapidem sursum projectum non esse causam motus quo recedit à terra : non homini projicienti, qui nonnunquam mortuus est dum corpus projectum adhuc movetur, quique semper à corpore projecto distat post projectionem, manifestè autem constat

cau-

causam debere actu existere quando
actu agit, nec posse dari actionem
in distans: non alicui virtuti impres-
sæ corpori projecto, illa enim vel
esset substantia vel accidens; si esset
accidens, non posset expellere corpus projectum è loco quem occupat, accidentia enim ita inhærent
suo subjecto ut nihil agant nisi per
illud, ergo si aliquod accidens lapidi inhærens moveret illum, lapis
moveretur per se ipsum, (quod falsum esse jam probavimus) & præterea nulla posset assignari causa
quamobrem motus cessaret in lapide projecto; vel concipi unquam
quomodo accidens penetratum
cum suo subjecto, nullumque
alium locum occupandi capax
quàm quem habet in suo subjecto,
impelleret illud perpetuo ab uno
loco in alium. Si virtus illa impressa
corpori projecto est substantia, necesse est ut sit effluvium quodpiam
corpusculorum ingredientium corpus

pus projectum. At unde proma-
nant ea corpuscula, & quare quò
major est aëris raritas, eò diutius
manent in corpore projecto (nam
eò diuturnior est motus corporis
projecti) cùm è contra citiùs exire
deberent ? Unde habent motum
quo se ipsa & alia quoque movent?
Habentne ab aliqua virtute ipsis
impressa à projiciente ? Sed tum dabitur progressus in infinitum. Si non
habent ab aliqua virtute impressa à
projiciente, cur non similiter fateris lapidem projectum moveri absque ulla virtute quam à projiciente
acceperit ? Denique non potest tribui motus projectorum virtuti aëris
elasticæ ut multis rationibus evi-
dentissimis probatur, neque dici
motus simul produci totus à projiciente, cùm enim motus sit ens suc-
cessivum, non simul existere possunt duæ ejus partes, ergo quando
existit pars quâ percurritur primus
spatii palmus, nondum existit pars

L 3   quâ

qvâ percurritur secundus , ergo si
maximè concederemus illum qui
projicit lapidem , producere motum quo prima pars spatii à lapide
conficitur , non tamen haberetur
causa quæ producit motum quo
partes aliæ spatii à lapide conficiun-
tur.

III. Corpora quæ moventur
modò magis modò minùs sui motus communicant cum corporibus
occurrentibus, communicant magis,
si corpus occurrens sit majus, & minùs , si sit minus. Hinc sequitur
eam communicationem fluere ab
aliqua causa quæ perfectè cognoscat
rationem magnititudinis corporis
occurrentis ad magnitudinem mobilis , atqui nulla causa corporea
est ejusmodi , ergo corpora non
sunt causa motûs quem videntur
cum aliis communicare. Si dicas
motum projectorum durare virtute
legis naturalis qua statutum est ut
corpora quantum est in se, maneant
in

in eodem semper statu , hoc ipso
recurris ad Deum immediatè mo-
ventem corpora projecta , leges
enim naturales nullius sunt effica-
ciæ nisi si agens aliquod eas exequa-
tur , atqui illud agens non potest
esse aliquod corpus , ut probatum
est , facileque probaremus non posse esse Angelum quemdam , ergo
est ipse Deus.

X.

*Inter corpora quæ moventur,
nulla magis admirabilem habent
motum quàm cœli. Sed dubium est
an motus stellarum fixarum sit ve-
rus , an apparens duntaxat , mul-
tumque nobis placet , saltem ut hypothesis , Copernicanorum sententia.*

Memorat Philastrius Brixiensis
Episcopus pro Hæreticis habitos
olim fuisse qui docerent cœlos esse
solidos. At contra superioribus sæ-
culis una in scholis obtinebat opi-

nio

nio quæ cœlorum soliditatem admitteret, *Tantùm ævi longinqua valet mutare vetustas* ! Nunc iterum Hæresis esset Philosophica vel saltem error crassissimus, si quis orbium cœlestium duritatem crystallinam propugnaret, adeò hominum doctrina non secus ac loquela vicissitudini est obnoxia, vereque in Philosophorum opiniones competit, quod ait ille de vocibus,

Hora- *Multa renascentur quæ jam cecidere, cadentque*
tius de *Quæ nunc sunt in honore vocabula.*
art.
poët.

Ac ne illius quidem opinionis jam stat honos & gratia vivax, quæ tamdiu nullis ferè reclamantibus cœlorum incorruptibilitatem asseruit. Crediderunt Antiquissimi Philosophi non pauci superiorem mundi regionem mutationis esse nesciam, inferiorem verò perpetuis generationis & corruptionis patêre reciprocationibus ; confinia verò incorruptibilitatis & corruptibilitatis

tis fita effe in Luna , Ἰσθμὸς γάρ ἐστιν
ἀθανασίας κ̀ γενέσεως ὁ περὶ τ̀ Σελήνην
δρόμ۞ , inquit Ocellus Lucanus.
Juxta hanc fententiam inferiorum
Deus Pluto inducitur à Claudiano
raptæ Proferpinæ oftendens ditio-
nem fuam per univerfam mortalem
naturam pertinentem , & fimul intra orbem lunæ cohibitam ,

Cuncta tuis pariter cedent animalia regnis
Lunari fubjecta globo , qui feptimus auras
Ambit , & æternis mortalia feparat Aftris.

Peripatetici memores *quintæ* illius
effentiæ , quam Ariftoteles tribuit
cœlo , diu crediderunt materiam
cœlorum effe diverfam fpecie à cætera materia , nihilque in cœlis ge-
nerari vel alterari , fed nunc victi
recentibus phænomenis doctrinæ
illi nuncium mittere non verentur.
Minus ego miror reciprocum illum foliditatis & incorruptibilitatis
cœlorum ortum & interitum, quàm
docuiffe per multa fæcula graviffi-

L 5

mos

moś viros cœlos eſſe ſolidos & moveri circa terram immobilem. Hæc
enim duo planè ejuſmodi ſunt quæ
abſque perpetuo miraculo inter ſe
conciliare nequeas. Nam ſi cœli
ſunt ſolidi & ultima mundi circum-
ferentia, dicendum eſt mundum ſe
habere inſtar dolii quodam liquore
pleni intermixtis quibuſdam corporibus ſolidis. Sicut ergo fieri nequit
ut dolio circa ſuum centrum verſa-
to, liquor cæteraque corpora inclu-
ſa maneant immota, ita planè fieri
nequit ut cœli moveantur incredi-
bili velocitate circa centrum mundi,
quin ſimul moveantur quæcunque
cœlorum ambitu continentur. Moveri ergo debet neceſſariò aëris
ſphæra una cum cœlis, quemadmodum liquor in vaſe contentus
movetur una cum vaſe in orbem
rotato. Moveri quoque debet terra
una cum cœlis & aëre, quemadmodum globi cerei forte natantes in liquore in vaſe contento, moventur
una

una cum vaſe & liquore, neque ullam virtutem imaginari poſſumus
quâ terra reſiſtere valeat impreſſio-
ni totius Univerſi nullis retinaculis
revincta, nulliſque fulcris ſubnixa.
Quamquam autem videtur hæc ob-
jectio ſolam Ptolemaïcorum hypo-
theſim convellere, nocet tamen
plurimùm hypotheſi Tychonis Bra-
hei; cùm enim ille motum diurnum
tribuat ſtellis fixis, neque denega-
re valeat alterum illum motum quo
ſtellarum longitudo, ſive æquino-
ctiorum præceſſio creſcere conſpi-
citur, ponere debet ſupra firma-
mentum aliam ſphæram ſolidam
quæ vicem fungatur primi Mobilis,
& hoc ſemel poſito evidens eſt
mundum eſſe inſtar dolii circa ſuum
centrum agitati, cujus proinde omnes partes ne quidem terrâ exceptâ,
gyrentur neceſſe eſt. Inſuper cùm
Tychonici agnoſcant Solem impri-
mere motum Mercurio, Veneri,
Marti, Jovi & Saturno, quo illi

L 6　　Pla-

Planetæ circa folem propriè & circa
terram per accidens jugiter feran-
tur, quî caufam dabunt quapropter
Sol non eundem communicet motum Lunæ & aëri terram ambienti?
Si verò nulla eft ratio cur aër non
moveatur circa Solem propriè &
circa terram per accidens, nulla
etiam eft ratio quare terra non moveatur ; atque adeò miraculum eft
continuum in hypothefi Tychonica
quies telluris. Cùm ergo conciliari
nequeat phyficè cœlorum motus
cum quiete telluris, & cœleftia
phœnomena poftulent neceffario
vel ut terra moveatur quiefcente
cœlo, vel ut cœli moveantur quiefcente terrâ, præftat dicere terram
moveri tum circa fuum centrum,
tum circa folem fub ambitu firma-
menti immobilis.

X I.

*Altera fpecies quam diximus
contineri fub idea fubftantiæ, quam-
que fpiritualem vocavimus, omni*

ex-

extensione caret, suamque habet es-
sentiam in actuali cogitatione posi-
tam.

Nam si esset extensa non solùm
ejusdem naturæ esset cujus corpus,
sed etiam cogitandi incapax, quia
res cogitans est necessariò una, nulla verò res extensa una est. Res cogitans est necessariò una, quia si esset composita ex multis substantiis,
sicuti corpus nostrum constat ex variis membris, non posset unquam
cernere integrum aliquod objectum, sed una pars illius videret
unam partem objecti, altera verò
alteram, & sic nihil esset in re cogitante, quod verè dicere posset, *Ego*
video totum illum lapidem. Vertant se in omnem partem Epicurei,
qui animæ humanæ immaterialita-
tem admittere nolunt, nunquam
concipient, nunquam explicabunt
quid illud sit, quod in unoquoque
homine dicit, *Ego volo, ego video,*

ego

ego sentio : nam evidens est si res vo-
lens sit extensa , actum volendi
coextendi ipsi sive reperiri in qualibet illius parte , quemadmodum
motus coextenditur mobili, sive re-
peritur in qualibet parte mobilis ;
ergo sicut in lapide projecto nihil
est quod , si loquendi facultate præditum esset , verè dicere posset , *Ego*
habeo totum motum lapidi impres-
sum : ita nihil esset in animâ extensa , si vellet aliquid , quod verè dicere posset , *Ego habeo integrum*
actum volendi. Fieri autem nequit
ut res aliqua velit quin habeat integrum actum volendi , ergo fieri nequit ut res extensa aliquid velit.
Idem dic de qualibet alia cogitatione.

Essentiam autem animæ positam
esse in cogitatione actuali probatur
argumento à pari desumpto à natura corporis, quam probavimus su-
prà consistere in actuali extensione,
non verò in ea quam Pontificii vo-
cant

cant *radicalem*, feu *aptitudinalem*, non alia de caufa excogitatâ, quàm ut, fi fieri poffit, fictitium tranffubftantiationis dogma nonnullo tibicine fulciatur, caducum cætero-quin. Nec eft quod nobis objiciatur cogitationem fe habere quoad animam ficut fe habet motus quoad corpus, ergo ficut corpus non femper movetur, ita animam non femper cogitare, nam eâ ipfâ paritate facile erit mihi illud evincere quod probandum mihi incumbit, quia ficut corpus quod movetur non acquirit fimpliciter τὸ effe in loco, fed folùm τὸ effe in alio loco, ita dicendum eft animam quæ cogitat non acquirere fimpliciter τὸ percipere aliquid, fed folùm τὸ percipere novum objectum. Et ficut corpus moveri non fignificat illud è non præfente loco fieri præfens loco fimpliciter; (eft enim revera in loco antequam moveatur) fed fignificat è præfente uni loco fieri præfens alteri;

teri ; ita dicendum eſt animam cogitare non idem eſſe ac è non percipiente actu fieri percipientem actu,
ſed ſignificare è percipiente objectum unum fieri percipientem alterum , ita ut quies animæ non ſit ceſ-
ſatio ab omni cogitatione , ſed per-
manentia in eadem cogitatione,
quemadmodum quies corporis non
eſt abſentia ab omni loco , ſed per-
manentia in eodem. Comparatio
ergo inſtituta inter motum corporis
& cogitationem animæ mecum facit , quia ſicut motus non imprimi-
tur corpori quin præceſſerit eum
actualis poſitio corporis in aliquo
loco , ita dicendum eſt unam cogitationem non imprimi intellectui
quin eam præceſſerit actualis per-
ceptio cujuſdam objecti. Excipi-
mus & primam cogitationem indi-
tam animæ, & primum motum corpori impreſſum , & præterea obſer-
vamus comparandam eſſe cogitationem animæ non motui corporis,

ſed

fed præfentiæ locali corporis, nam
de cætero fatemur comparationem
quam oftendimus nobis favere,
claudicare tamen, neque enim ficut corpus confervari poteft fine
motu, anima confervari poteft fine
cogitatione.

Ratio eft quia fi femel anima exi-
fteret fine cogitatione, non videtur
unquam futurum ut cogitandi fieret capax. Quomodo enim acqui-
reret cogitationem ? An quia fibi
daret? Sed non poffet fibi dare quin
vellet fibi dare, fi verò vellet fibi
dare, jam haberet, (quia velle eft
cogitatio) atque adeò non fieret è
non cogitante cogitans ? An quia
cogitationem aliunde acciperet ut
munus realiter ab ipfa diftinctum?
Non hoc dici poteft, nam illa cogitatio realiter diftincta ab anima vel
effet res cogitans, vel non effet ; fi
non effet res cogitans non poffet
reddere animam cogitantem ; fi verò effet, rurfum quæro an effet res
cogi-

cogitans per se an verò per aliud;
si per aliud, datur progreſſus in infinitum, si per se, ergo fateris dari
aliquid cogitans per se & eſſentialiter, quidni hoc ipsum fateris de anima, cur entia multiplicas abſque
ulla neceſſitate ? Adde quod æquè
impoſſibile videtur animam reddi
formaliter cogitantem cogitatione
alienâ, sive diſtinctâ ab ipsâ, ac Pe-
trum reddi formaliter lætum eodem
numero gaudio quo Paulus affici-
tur. Dicendum ergo sicut corpus
nihil eſt aliudquàm extensio, ita animam nihil eſſe aliud quàm cogitationem, & sicut corpus adeò poteſt
tranſire ab uno loco in alium quia
eſſentialiter aliquem semper occupat locum, ita animam ideò poſſe
cogitare modo hanc modo illam
rem quia eſſentialiter aliquam semper habet cogitationem, & sicut
corpus nunquam poſſet acquirere
novum locum, si non eſſet res per
se & eſſentialiter locata, ita nunquam

quam animam acquisituram esse
novam cogitationem si non esset res
per se & essentialiter cogitans.

XII.

Inter substantias spirituales una
est infinita, scilicet Deus, ejusque
existentia lumine naturali cognosci
potest: cæteræ sunt finitæ & illarum
quasdam propriâ experientiâ cogno-
scimus uniri materiæ.

Stolidè, ne quid graviùs dicam,
loquuntur qui se non credituros
Deum esse profitentur, nisi id di-
dicissent ex Sacra Scriptura : etenim idcirco fidem habemus Sacræ
Scripturæ quia credimus eam esse
verbum Dei, ut verò credamus aliquod extare verbum Dei, necesse
est ut priùs credamus Deum esse,
evidens enim est nihilum non loqui.
Cognitio ergo existentiæ divinæ
prior est cognitione revelationis &
ab ea supponitur, atque adeò fluit
à lumine naturali. Medium quo

Car-

Cartesius est usus ad probandam divinam existentiam , desumptum ab idea entis infiniti quam in mente nostra deprehendimus , optimum quidem est & verum , sed parùm idoneum convincendis plebeis ingeniis, neque enim ipsis evidens est animam nostram ut ut infinitam fingere non posse conceptum rei carentis, omnibus imperfectionibus quas illa in se experitur , & instructæ omnibus perfectionibus quæ illis imperfectionibus opponuntur,& aliis si quæ sint. At si quis semel distinctè concipiat (quod certissimum est) animam non esse causam efficientem suarum idearum , tum illi non dubium erit quin hæc consequentia necessaria sit , *inest mihi idea entis infinitè perfecti , ergo existit extra me ens infinitè perfectum.* Sed quid faciendum illis ingeniis quibus nondum illuxit idearum Doctrina? Utendum est multis aliis ratiociniis solidissimis quæ passim ex-

extant in Scriptis Metaphysicorum.

Cæterum unio illa quorumdam spirituum cum materia, quæ cæteroquin difficillima est conceptu, nullo negotio concipitur, si consistere dicatur in eo quod sancita fuerit lex naturalis statuens ut positis quibusdam modificationibus in corpore, excitentur in anima certæ cogitationes, & vicissim positis quibusdam cogitationibus in anima, motus corporis certo modo determinetur. Nisi hoc dicas mysterium est inenarrabile sensus caloris, verbi gratia, productus in nobis ab igne, quia dicendum erit ignem esse causam physicam illius sensus: hoc autem qui dicunt, ea certè dicunt quæ ipsi juxta cum ignarissimis intelligunt. Nihil distinctè concipimus in igne præter motum & figuras diversas particularum, unde nihil proficisci potest præter motum mutationemque figuræ, ex quo sequitur ignem nihil aliud quàm mutatio-

nem situs & figuræ communicare
posse rei quam calefacit. At distinctè
concipimus mutationem situs & figuræ non esse sensum caloris, ergo
distinctè concipimus ignem non esse causam sensus caloris. Adeò verum est motum non esse sensum caloris ut nuperus Peripateticus repellere cupiens eorum instantiam
qui nulla reperiri principia mecha-
nica in Physicis Aristotelis querun-
tur, dicat hoc esse falsum, quandoquidem Aristoteles motum adhibet
localem ad producendas qualitates
quaslibet, ita tamen ut motus sit
distinctus à qualitatibus quæ ipsius
beneficio producuntur à similibus
qualitatibus. Verbi gr. calor qui
producitur in anima per motum
non modo distinguitur à motu, sed
etiam respondet & similis est alicui
qualitati reali in igne existenti. Fatentur ergo Peripatetici motum
non esse sensum caloris, ergo cùm
illa alia qualitas quam supponunt
inesse

Petrus
Angot
Jesuita
in tra-
ctatu
Gallico
de Op-
tica.

inesse igni similem calori quem
anima sentit, sit omnino incom-
prehensibilis, & motus nihil aliud
producere posse concipiatur quàm
motum, sequitur ignem non concipi esse causam physicam sensus caloris. Dicendum ergo est si velimus
concipere unionem animæ & corporis qua fit ut corpus agat in animam, ignem v. gr. esse causam oc-
casionalem duntaxat sensus caloris,
quatenus eam introducit in corpus
humanum dispositionem, ad cujus
præsentiam excitari debet in anima
sensus caloris juxta legem à summo
rerum omnium opifice & modera-
tore constabilitatam.

COROLLARIA.

I.

PRincipia corporis naturalis sunt
*materia & forma. Non dan-
tur formæ substantiales, neque ullæ
qualitates materiales distinctæ à figura,*

gura, motu, situ, quiete particularum materiæ.

II.

Calor consistit in motu perturbato & celerrimo particularum insensibilium corporis calidi circa suum centrum. Frigus non tam est privatio caloris, quàm calor minor eo qui est in nostris organis.

III.

Partes insensibiles corporum liquidorum sunt actu à se invicem divisæ, & agitantur variis modis.

IV.

Non datur vacuum, experientiæ verò quæ vulgo tribuuntur horrori naturæ erga vacuum, ut ascensus aquæ in antlias, & suspensio hydrargiri in barometro, pendent à gravitate aëris.

V.

Lux videtur consistere potiùs in pressione materiæ cujusdam æthereæ, quàm

quàm in effluvio corpusculorum; Colores non distinguuntur à modificatione lucis reflexæ.

VI.

Motus unius corporis minuitur, quia communicatur corporibus obviis.

VII.

Anima rationalis est spiritualis & immortalis, & à Deo immediate creatur.

VIII.

Accidens non est entitas distincta realiter à suo subjecto.

IX.

Criterium veritatis non est evidentia sensuum, ut volebat Epicurus, sed potius evidentia intellectus. Aliquid est in intellectu, quod prius non fuit in sensu.

X.

Habitus hominis non sunt in anima, sed in quibusdam cerebri modificationibus consistunt.

M

AU LECTEUR.

J'Avois dessein de mettre à la tête
des Theses que tu viens de lire,
qu'étant du même Auteur j'obli-
gerois le public de les joindre à celles
qui precedent ; mon absence qui n'en a
pas retardé l'impression a rompu mon
dessein. Cependant pour remplir cette
page, je dois ajoûter, qu'il y a des choses qui peuvent fournir dequoy mediter
aux plus habilles Philosophes, & j'espe-
re qu'on ne dira pas que ce n'est que
pour grossir le Volume qu'on les a join-
tes à la Dissertation contre Monsieur
de la Ville.

MEDITATIONS

SUR LA

METAPHYSIQUE.

Par Guillaume Wander.

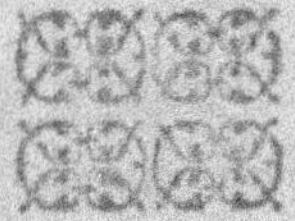

Jouxte la Copie imprimée

A COLOGNE,

Chez PIERRE MARTEAU.

M. DC. LXXXIV.

AVERTISSEMENT.

ON sera peut-être surpris de voir que quelqu'un ose entreprendre d'écrire sur la Metaphysique, aprés qu'un des plus sçavans hommes du monde a travaillé sur ce sujet avec tant de succés. Il est vray que les Meditations de Monsieur Descartes, doivent passer pour un des plus beaux & des plus utiles Ouvrages qui ayent jamais parû, étant remplies de raisonnemens admirables & de pensées tres-justes & tres-solides. Mais il faut aussi avoüer, qu'il y a certaines choses qui ne sont pas dans toute l'exactitude que l'on pourroit souhaiter : Et si l'on veut se donner la peine d'examiner cet Ouvrage sans préoccupation, l'on tombera d'accord avec moy, que l'Auteur veut en quelques endroits

éta-

établir & prouver tant de choses à
la fois, qu'il est impossible à l'esprit
de le suivre ; Que dans d'autres il
se sert des termes, & des raisonnemens de l'Ecole d'une maniere si em-
broüillée & si confuse, qu'on ne peut
presque l'entendre ; Et que dans
d'autres enfin, il avance des choses,
soit faute de se bien expliquer, soit
qu'il les ait crû en effet, qui ne pa-
roissent pas soûtenables à ceux qui
les examinent de prés.

Je ne doute pas que les zelez Cartesiens ne conviendront qu'avec peine de ce que je viens d'avancer. Cependant s'ils lisoient avec application les Meditations de Monsieur
Descartes, je croy qu'ils verroient
bien-tôt que je n'ay pas tant de tort,
qu'ils pensent : Mais pour ceux qui
ne suivent Monsieur Descartes que
jusqu'où l'on peut le suivre sans se
précipiter ; Je suis sûr qu'ils seront
tout à fait de mon parti. Je prie
donc ces derniers de lire ce petit Livre

vre avec reflexion, & en se consul-
tant toûjours eux-mêmes. Car comme le sujet qu'on y traite est ab-
strait, & que l'on a crû devoir être
court, pour laisser à l'esprit le temps
de comparer ce qu'il lit, avec ce que
la raison luy dit interieurement, ceux
qui ne feront que parcourir cet Ecrit
sans application, auront de la peine
à comprendre les veritez que l'on y
propose, & ne tireront que tres-peu
de fruit de cette lecture.

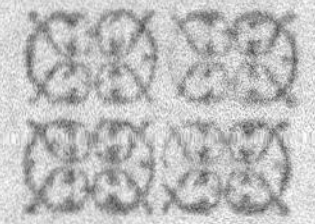

M 4   I.

I. MEDITATION.

COmme je sens que je suis né
libre, je crois que pour faire
un bon usage de ma liberté, je dois
douter de tout, jusqu'à ce qu'une
entiere évidence m'oblige, comme malgré moy, à donner mon
consentement. Il me semble que
je dois douter de tout, puis que
j'ay souvent reconnu de la fausseté
dans des choses que j'ay reçûës pour
vrayes & pour assûrées : & même
quoy que ceci me paroisse d'abord
absurde & ridicule, il me semble
que je dois douter que ces mains,
ces yeux, & tout ce corps que j'ay
toûjours regardé comme une partie de moy-même existe actuellement. Car étant sujet à dormir j'ay
souvent crû voir aussi clairement,
& aussi distinctement pendant le

M 5   som-

ſommeil certaines choſes , qu'il me ſemble voir preſentement que j'ay des pieds , des yeux , & un corps, & cependant à mon réveil j'ay reconnu que je m'étois trompé. Qui me fera donc connoître preſentement , que je ne me trompe pas , quand j'aſſûre que j'ay des pieds, des yeux , & un corps ; moy qui ne ſçay point ſi je dors ? Car enfin les choſes que je vois en ſonge me touchent auſſi ſenſiblement & m'émeuvent même , quelquefois davantage que celles que je crois voir pendant que je veille.

Je puis auſſi douter de toutes les choſes les plus ſimples , comme de l'étenduë en general , de la quantité , du lieu , du temps , &c. & même des veritez qu'on prétend , que l'Aritmetique , & la Geometrie contiennent , puis que j'ay ouï dire, qu'il y avoit un Dieu ; c'eſt à dire je ne ſçay quel Etre tout-puiſſant ; car que ſçay-je s'il ne s'eſt point diverti

à

à me donner des sentimens de toutes ces choses, quoy qu'en effet, il
n'y en ait aucune, qui existe hors
de moy, & s'il ne se divertit pas à
me tromper toutes les fois que je
fais des calculs, ou que je resous des
Problemes.

Je crois donc que pour établir
quelque chose de ferme, & de soli-
de dans les sciences, je dois douter
de tout, & feindre pour un temps,
que toutes les opinions que j'ay euës
jusques ici sont fausses, ou incertai-
nes.

II. MEDITATION.

COmme je ne prétens pas douter simplement pour douter,
mais pour découvrir quelque verité
dont je ne puisse douter; Je ne dois
pas me reposer, & me plaire dans
mes doutes; mais je dois examiner
toutes choses dans le dessein d'en

M 6　　　dou-

douter, afin que s'il y en a quelqu'une , que je sois obligé de reconnoître, comme existante, malgré tous les efforts que je feray pour en douter, je sorte par elle hors de mes doutes, ou si je n'en trouve point aprés les avoir toutes examinées, je demeure pleinement convaincu qu'il n'y a rien de certain.

Je suppose donc encore ici que le corps, la figure , l'étenduë, & generalement tout ce que je connois par l'entremise des sens, n'est qu'une fiction de mon esprit. Mais d'où me viennent ces pensées? Viennent-elles de Dieu? Cela n'est pas necessaire, car peut-être suis-je capable de les produire de moymême & peut-être même, n'y a-t-il point de Dieu. Mais quoy que je ne sçache point ni quel est leur Auteur , ni de quelle maniere elles sont produites, je ne puis douter que je les apperçois. Or pour apperpercevoir il faut être, me voilà donc fûr de quelque chofe, qui eft que je fuis. Mais que fuis-je ? je veux m'examiner pour me connoître, & pour mieux executer mon deffein je veux douter d'abord fi je fuis ce que j'ay toûjours crû être.

J'ay crû jufques ici que j'étois compofé de deux parties, l'une que je nommois corps, ou étenduë, & l'autre à qui je donnois le nom d'ame, ou vent fubtil & délié, répandu dans mes plus groffieres parties. Mais j'ay fuppofé que tout cela n'étoit rien, & fans fortir de cette fuppofition, j'ay trouvé que j'exiftois. Je puis donc croire que j'exifte indépendemment d'aucune de ces chofes, ou du moins je puis douter qu'aucune de ces chofes appartienne à ma nature.

Mais il femble que je n'avance pas beaucoup dans la connoiffance de ma nature, c'eft à dire, de ce qui me diftingue de toute autre chofe :

Car

Car qu'eſt-ce que je ſuis ? une choſe qui penſe. Mais qu'eſt-ce qu'une choſe qui penſe ? une choſe qui entend, qui conçoit, qui affirme, qui nie, qui veut, qui ne veut pas, qui imagine auſſi, & qui ſent : je ſuis convaincu par un ſentiment interieur que toutes ces choſes ſont en moy , & qu'elles ne ſont que de differentes manieres de moy-même, ou de differentes manieres de penſées : Mais il me ſemble que je ne conçois point clairement la nature de ce qui eſt en moy, qui penſe, qui veut, qui ſent, &c. Car encore que je connoiſſe ma douleur par le ſentiment que j'en ay, il me ſemble que je ne ſçay point clairement ce que c'eſt, puis que je l'attribuë ſouvent au corps. Ainſi que puis-je conclure autre choſe de tout ce que je viens de dire, ſinon que je vois mon exiſtence avec plus de clarté & de diſtinction que je ne faiſois auparavant, & qu'elle m'eſt plus clai-

rement

rement connuë que celles des corps,
ni d'aucun autre être que ce foit,
puis que toutes ces chofes font entre celles dont je doute, & que moy
qui doute, fuis fûr que je fuis, par
cela même que je doute.

III. MEDITATION.

JE rentre dans moy-même, &
me reprefente ce que j'ay appris
par ces Meditations precedentes, & d'abord je connois qu'il faut
me détacher des fens, & douter de
tout autant que je pourray ; mais
qu'il ne m'eft pas poffible de douter
que je fuis, & que je penfe. Enfin
je fens bien que nier, douter, affirmer, & même imaginer, & fentir,
ne font que de diferentes penfées
qui m'appartiennent, & qui m'affû-
rent de mon exiftance.

Je ne fçay que ce peu de chofes;
mais en fuivant le même chemin

qui m'a mené à ces connoiſſances, je pourray peut-être découvrir quelqu'autre verité. Voici l'ordre que j'ay tenu ; j'ay d'abord voulu douter de tout, mais j'ay ſenti que je ne pouvois douter, que j'etois ou ce qui eſt la même choſe ; j'ay conçû clairement & diſtinctement que j'exiſtois : Je puis donc admettre pour principe : *Que tout ce que je conçois clairement & diſtinctement eſt vray & indubitable.* Je pourray peut-être me ſervir de ce principe, comme d'une regle infaillible pour reconnoître s'il n'exiſte point quelque être different de moy.

J'ay jugé qu'il y avoit hors de moy des Êtres actuellement exiſtans, de ce que j'ay diverſes penſées, qui me repreſentent pluſieurs choſes leſquelles me ſemblent fort differentes de moy-même. Ainſi pour reconnoître ſi mes jugemens ſont vrais je feray bien de diviſer toutes mes penſées en pluſieurs gen-

genres, & confiderer fi je puis prouver , par elles , l'exiftence des chofes qu'elles reprefentent.

Je remarque en moy plufieurs
differentes penfées, dont les prin-
cipales font comme les images des
chofes, ou l'objet immediat, & le
plus proche de mon efprit, quand
j'apperçois quelque chofe, & c'eft
à celles-là feules que je donne le
nom *d'Idées* ; je fens encore en moy
deux autres manieres de penfées,
dont l'une eft une certaine impreffion, ou mouvement naturel, qui
me porte vers l'être, & vers le bien
en general, & c'eft ce que j'appelle
en moy volonté, & l'autre enfin eft
une détermination ou adherence
vers quelque objet particulier, &
c'eft ce que je nomme jugement &
amour.

Je vois clairement que dans mes
idées, & mes volontez, confiderées
en elles-mêmes, & fans rapport à
autre chofe, il ne peut y avoir de
l'er-

l'erreur, car soit que j'imagine une chimere, ou que je desire une chose qui ne fût jamais, il est toûjours vray que j'imagine, & que je desire.

Ce n'est donc que dans mes seuls jugemens, qu'il se peut trouver de l'erreur, & celle où je tombe ordinairement consiste en ce que je juge par exemple, que l'idée que j'ay d'un quarré, est semblable à quelque autre quarré, qui existe hors de moy, quoy qu'il se puisse faire, qu'il n'y ait aucun quarré qui existe actuellement hors de moy.

Et afin de reconnoître certainement, si de toutes les idées que je trouve en moy, il n'y en a point quelqu'une, d'où je puisse conclure l'existance de quelque être distingué de moy, je vais encore m'appliquer avec soin à les considerer.

Premierement, si je les regarde toutes comme des manieres d'être de moy-même, je trouve qu'elles

font

font toutes femblables , mais fi j'ay égard aux chofes qu'elles me reprefentent , je vois clairement & diftinctement qu'elles font fort differentes , car je ne puis douter que l'idée qui me reprefente un être infiniment parfait , ne foit bien differente de celle qui me reprefente un être fini & borné.

Or de quel lieu que me vienne cette idée , il eft manifefte par la lumiere naturelle qu'il doit y avoir pour le moins autant de réalité & de perfection dans la caufe d'où elle procede que dans elle-même. Car la même lumiere naturelle m'enfeigne qu'il doit y avoir pour le moins autant de réalité dans la caufe efficiente & totale que dans l'effet, puis qu'il ne fe peut pas faire que le plus parfait foit une fuite du moins parfait , & qu'un être qui a par exemple cent degrez de réalité ou de perfection foit l'effet d'une caufe qui n'en a que quatre-vingt , puis qu'il qu'il faudroit qu'elle en eût tiré vingt du neant.

Je dois donc conclure de ce principe, qu'ayant en moy l'idée d'un être infiniment parfait, laquelle assurément ne peut avoir été formée par moy qui suis borné, & fini, il faut necessairement que cet être infiniment parfait existe, de qui je reçois l'idée d'une infinité de perfections, puis qu'il faut qu'il y ait autant de réalité dans la cause que dans l'effet. Et comme par cet être infiniment parfait j'entens Dieu même, de ce que j'ay en moy l'idée de l'infini, je dois conclure que Dieu existe, car s'il n'existoit pas, j'aurois tiré du neant l'idée d'une infinité de perfections que je ne trouve pas en moy.

Or comme on ne peut avoir l'idée d'aucunes privations, que par l'idée des perfections dont elles sont privations, je conçois l'infini par une veritable idée, & non pas par la nega-

negation du fini ; ainfi la fubftance infinie ayant plus de réalité que la fubftance finie, j'ay plûtôt en moy la notion de l'infini que du fini, c'eft à dire de Dieu que de moy-même, car je ne conçois que je ne fuis pas tout parfait, que parce que j'ay en moy l'idée d'un être plus parfait que le mien, ne pouvant avoir, comme je le viens de dire, l'idée d'aucune privation, que par l'idée des perfe-ctions dont elle eft privation. Mais quand je dis, que j'ay une idée de l'infini, ce n'eft pas que je veüille faire entendre que je comprens l'in-fini, c'eft à dire, que j'embraffe de la penfée toutes les proprietez de l'infini, puis que cela eft au deffus des forces de mon efprit qui eft fini; mais je conçois l'infini, puis que tout ce que j'ay d'idées claires & di-ftinctes font entierement renfer-mées dans l'idée de l'infini.

IV.

IV. MEDITATION.

DEpuis que j'ay fait dessein de douter de tout, je n'ay encore pû m'assûrer que de mon existance, & de celle de Dieu, ou d'un être infiniment parfait, & comme l'idée de ses perfections infinies, m'a fait connoître qu'il m'en manque plusieurs, avant que d'étendre davantage ma connoissance, je feray bien d'examiner avec soin la cause de mes erreurs.

Et pour proceder toûjours avec ordre, & en passant, comme par degrez, des choses les plus connuës, au moins connuës, je distingue en moy deux manieres d'être de moy-même ; l'une que j'appelle entendement, & l'autre volonté, c'est à dire, que je me considere en tant qu'appercevant ou recevant des idées, & des connoissances, & c'est

c'est ce que j'appelle entendement,
ou entant qu'etant poussé & déterminé vers ces idées, & c'est ce que
je nomme volonté.

Or je vois clairement que mon
entendement ne peut être la cause
de mes erreurs, & que dans le
temps, que je ne fais simplement
qu'appercevoir certaines idées qui
se presentent à moy sans les comparer ensemble, je ne puis me tromper, car je ne puis appercevoir
qu'elles ayent des rapports qu'elles
n'ont pas, ce n'est donc que lors
que je juge que ces idées ont des
rapports qu'elles n'ont point, que
je me trompe ; ainsi je suis privé de
quelques connoissances claires que
je pouvois avoir, lors que je porte
avec precipitation mon jugement
sur quelques idées que je trouve en
moy, sans me donner le loisir de
considerer les differens côtez des
choses qu'elles representent, pour
en reconnoître les rapports, & sans
qu'une

qu'une entiere évidence me force à donner mon consentement.

Enfin, je dois établir pour principe ou regle generale, qu'afin de ne point tomber dans l'erreur, je ne dois juger des choses que lors qu'elles me sont si clairement & si distinctement representées par l'entendement, qu'il ne soit plus en mon pouvoir de ne pas donner mon consentement.

V. MEDITATION.

Dieu étant un être infiniment parfait, je n'entreprendray pas de considerer chacune de ses perfections en particulier, parce qu'il faudroit une capacité d'esprit infinie que je n'ay pas. Ainsi je croy que je feray mieux de m'appliquer à des sujets plus proportionnez à mes forces, & de ne differer pas davantage à faire mes efforts pour sortir

de

de tous les doutes, dans lesquels ma
premiere Meditation m'a jetté.

J'ay en moy des idées claires, &
j'en ay de confuses ; j'ay une idée
claire, lors que j'apperçois distinctement les rapports qu'elle a avec
une ou plusieurs autres idées. Et
j'ay une idée confuse lors que je ne
connois qu'imparfaitement ces rapports ; telle est par exemple, la connoissance de moy - même , que je
n'ay jusques ici que par sentiment
interieur , & non par aucune idée
claire puis que je n'ay aucune idée
de ma pensée.

Mais il n'en est pas de même de
l'idée que j'ay de l'etenduë en longueur, largeur & profondeur, car
je vois tout d'une vûë, & sans avoir
d'autre connoissance, que les proprietez d'être mû, figuré, mesuré,
&c. luy conviennent, & cela me
paroît avec tant d'évidence, qu'il
n'est pas en mon pouvoir de ne le
pas croire, quoy que je ne sçache

N

point

point encore s'il exiſte quelque
étenduë hors de moy, car tout ce
que je conçois clairement & diſtinctement appartenir à une choſe, luy
appartient en effet, & quoy que je
ne puiſſe pas conclure l'exiſtance de
l'étenduë, de ce que j'en ay une idée
claire & diſtincte, cependant le jugement que je viens de porter, que
les proprietez d'être mû , figuré,
meſuré , &c. appartiennent à l'é-
tenduë, par cela ſeulement, que je
conçois clairement & diſtinctement
qu'elles luy appartenoient; ce jugement, dis-je, ſert encore à me prouver l'exiſtance de Dieu, car l'exiſtance me paroît auſſi évidemment
renfermée dans l'idée que j'ay de
l'être infiniment parfait, que la longueur, largeur & profondeur, ou
que les proprietez d'être mû, figuré , &c. dans l'idée de l'étenduë,
puis que l'exiſtance étant une perfection, elle eſt neceſſairement renfermée dans celuy qui les a toutes,

&

& ce qui fait la force de cette dé-
monſtration , vient non ſeulement
de ce que moy qui ſuis borné & fini
ne puis pas être l'auteur de l'idée
que j'ay de l'être infini , comme je
l'ay prouvé dans la troiſiéme Meditation ; mais encore , de ce que l'eſſence & l'exiſtance de l'être infiniment parfait , ne pouvant être conçûës l'une ſans l'autre , de cela ſeulement que j'ay l'idée de cet être infiniment parfait, je ne puis m'empêcher d'en conclure l'exiſtance , au
lieu que je puis tres-clairement concevoir l'étenduë en longueur , largeur & profondeur , ſans que je
puiſſe pour cela en conclure l'exiſtance , parce que l'eſſence & l'exiſtance de l'étenduë peuvent être
conçûës ſeparément.

N 2 VI.

VI. MÉDITATION.

JE suis convenu dans la Medita-
precedente, que de l'idée claire & distincte que j'ay en moy
de l'étenduë, je n'en puis pas conclure l'existance.

Je vois même clairement que je
ne puis conclure l'existence d'aucune chose que mes idees me representent, si l'on en excepte l'existance d'un être infiniment perfait, car
il est constant que je ne suis point
auteur de mes idées, puis qu'elles
me viennent souvent dans l'esprit
malgré moy. Elles ne sont pas non
plus produites en moy par les corps
qui m'environnent ; car je ne conçois point que de l'étenduë ronde
ou quarrée, ou figurée de quelqu'autre maniere, puisse avoir en
soy la force de se rendre intelligible, & de se faire sentir à mon esprit,

prit , il faut donc neceſſairement
que Dieu ; c'eſt à dire un être intel-
ligent & une puiſſance infinie ſoit la
ſource & l'origine de toutes mes
idées. Cela étant, ne peut-il pas
mettre en moy toutes ces idées, ſans
que les choſes qu'elles me repreſentent, exiſtent actuellement ? Il eſt
vray que j'ay d'abord quelque peine
à le croire, car il me ſemble que je
pourrois l'accuſer de tromperie , de
me donner ainſi des idées qui me repreſentent certaines choſes comme
exiſtantes hors de moy , leſquelles
n'exiſtent pas en effet, mais venant
à faire reflexion que l'idée que j'ay
du Soleil, ou l'objet immediat &
le plus proche de mon eſprit quand
je vois le Soleil, differe entierement
de moy-même, puis que je ſens bien
que je ne ſuis pas le Soleil que je
vois, & conſiderant auſſi que cette
idée n'eſt pas le Soleil, qui éclaire
le monde, puis que l'objet immediat de mon eſprit doit être intelli-

gible,

gible , & que celuy-là est materiel ;
je suis obligé de croire , que tout ce
que je vois est de la maniere que je
le vois ; c'est à dire d'une maniere
intelligible dans la substance de
Dieu même ; ainsi au lieu d'appeller
Dieu trompeur à cause qu'il me
donne les idées de toutes choses, je
dois m'accuser d'erreur d'avoir jugé avec trop de précipitation , qu'il
existoit hors de moy quelqu'autre
être que luy.

Cependant il y a bien de l'apparence qu'il existe de l'étenduë hors
de moy , quoy que je ne le puisse
pas absolument démontrer , car
tout ce que la nature m'enseigne,
soit par instinct ou autrement , renferme en soy quelque verité , puis
que par la nature , je n'entens autre
chose que Dieu même agissant dans
ses creatures. Or la nature semble
m'enseigner que je suis uni à un
corps, c'est à dire , que j'ay des re-
lations fort étroites avec une certaine

ne étenduë , qui est bien ou mal dis-
posée lors que je sensdu plaisir oude
la douleur; cette même nature semble encore me porter à croire qu'il
y a plusieurs autres corps qui m'environnent dont la fuite ou la pour-
suite est necessaire à la conservation
de ma vie. Il est donc fort probable
que l'étenduë existe hors de moy
de la maniere que mon idée me la
represente.

Il est vray que j'ay ouï dire que
la nature incite à boire certains ma-
lades, que l'on appelle hydropiques,
quoy que cela leur soit tout à fait
nuisible : si bien qu'il semble que je
ne dois pas ajoûter foy à tout ce que
la nature m'enseigne , puis qu'elle
peut quelquefois me tromper , mais
comme il est de la grandeur & de
la sagesse de Dieu d'agir toûjours
par les voyes les plus simples , & de
faire le moins de decrets qui luy est
possible , & que d'ailleurs il a dû
vouloir pour la conservation de

 mon

mon corps, que lors qu'il s'excite-
roit certains mouvemens dans mon
gosier, je fusse porté à chercher à
boire, il pourra arriver que pour
executer les decrets, & suivre les
loix qu'il s'est luy-même imposées,
il sera obligé d'exciter en moy la
soif dans un temps que pour la conservation de mon corps, il sera dangereux de boire, sans que pour cela
je puisse l'accuser d'injustice ou de
tromperie, parce qu'étant la cause
generale & universelle, il ne doit
pas avoir de volontez particulieres
pour tous les cas particuliers.

Je dois cependant prendre garde
que toutes mes sensations qui semblent n'être produites en moy qu'à
l'occasion des differentes manieres
d'être de l'étenduë, servent plus à
me prouver l'existance de Dieu,
que celle de l'étenduë : car toutes
mes sensations ne sont que de differentes modifications de moi-même,
puis que je sens qu'elles m'appar-
tien-

tiennent, & que je ne les connois
que par sentiment interieur, & non
par aucune idée claire. Or elles ne
font pas produites en moy par moy-
même, car je n'en aurois jamais que
d'agreables qui me rendroient heureux. Elles ne viennent pas non
plus de la part des objets exterieurs,
puis qu'il faudroit qu'ils eussent la
force de me rendre heureux, & malheureux, laquelle force me manque à moy-même, il est donc necessaire que Dieu en soit l'Auteur,
comme étant le seul qui puisse faire
ma felicité, ainsi mes sensations me
prouvent clairement que Dieu existe, & ne prouvent l'existance des
corps que d'une maniere fort im-
parfaite, car Dieu qui agit toûjours
par les voyes les plus simples, étant
la cause immediate de mes modifications, j'ay sujet de penser que ce
seroit un trop long détour à cet être
infiniment sage, que de créer de l'é-
tenduë pour me donner des sensa-

tions

tions qu'elle ne peut pas produire,
ainſi il n'eſt point abſolument neceſſaire, que l'étenduë exiſte.

Je ne ſçaurois pas non plus conclure qu'elle exiſte de ce que je
pourrois moy-même être cette
étenduë, car il ſuffit que je puiſſe
clairement & diſtinctement concevoir une choſe ſans une autre, pour
être certain que l'une eſt diſtincte &
differente de l'autre, ainſi de cela
même que je connois avec certitude, que j'exiſte, & que cependant
je ne remarque point qu'il appartiennent neceſſairement à mon eſſence ou à ma nature autre choſe
que la penſée, je conclus fort bien
que mon eſſence conſiſte en cela
ſeul, que je ſuis une choſe qui penſe. Et quoy que peut-être il ſe puiſſe
faire qu'il exiſte quelque étenduë à
laquelle j'aye une relation particuliere, neanmoins, parce que d'un
côté je n'ay point d'idée claire de
moy-même ; mais ſeulement un
ſenti-

fentiment interieur qui m'aſſûre que
je ſuis une choſe qui penſe , & non
étenduë, & que d'un autre côté j'ay
une claire & diſtinéte idée du corps
entant qu'il eſt ſeulement une choſe étenduë, & qui ne penſe point,
il eſt certain que moy, c'eſt à dire
mon eſprit , ou mon ame par laquelle je ſuis ce que je ſuis, eſt entierement & veritablement diſtinéte de mon corps.

En effet quand je me conſidere
moy-même, comme une ſubſtance qui penſe, je ne puis diſtinguer
en moy, ni longueur, ni largeur, ni
profondeur , mais je connois que je
ſuis une choſe abſolument une &
entiere, & que ſentir & vouloir ne
ſont point de differentes parties de
mon être, puis que c'eſt toûjours le
même eſprit en moy qui s'applique
tout entier à vouloir , & tout entier
à ſentir, mais il n'en eſt pas de même de l'étenduë ; car je n'en puis
imaginer aucune pour petite qu'el-

 le

le soit, que mon esprit ne divise fort facilement en plusieurs parties, & ne conçoive par consequent tout à fait differente de sa nature.

Je puis donc presentement conclure de tout ce que je viens de dire qu'il m'est impossible de démontrer l'existance de l'étenduë, & que nôtre nature est si foible qu'il y a tres-peu de choses dont nous ayons des connoissances certaines, & évidentes.

VII. MEDITATION.

J'Ay fait tout ce que j'ay pû pour sortir des doutes où m'a jetté ma premiere Meditation ; mais plus je m'efforce à chercher une démonstration de l'existance de l'étenduë, & plus je me confirme que c'est une entreprise au dessus de mes forces. Car quand je viens à considerer que ce que je vois doit être intelli-

telligible, ou plûtôt que je ne puis
voir que la substance de Dieu même ; comme representant ce que je
voy, & que Dieu n'ayant que tres-
peu de decrets, doit toûjours agir
par les voyes les plus courtes, & les
plus simples, & que d'ailleurs il me
donne directement toutes mes pensées, toutes mes idées, & toutes
mes sensations, je trouve si peu de
rapport entre la maniere dont il me
semble que Dieu doit agir, & le
long détour qu'il luy faudroit prendre en créant de l'étenduë pour me
la faire voir, que je m'accuserois
d'imprudence, d'avoir jugé autrefois qu'il existoit hors de moy quelqu'autre être que Dieu, & d'opi-
niâtreté de ce que j'ay presentement tant de peine à me persuader
qu'il n'existe aucun corps ; si la foy
qui est au dessus de ma raison, ne
m'ordonnoit de le croire.

De plus, Dieu étant infiniment
bon, & essenciellement aimable,
ne

ne m'a créé que pour l'aimer , non
d'un amour contraint & interessé,
mais d'un amour libre & digne de
luy. Ainsi lors qu'il me fait avoir
des sensations agreables ; c'est afin
que quittant le plaisir que j'y trouve , & me détachant de moy-même pour m'unir à luy , je le puisse
aimer d'un amour de choix. Je veux
dire que Dieu m'ayant donné assez
de mouvement pour me porter vers
luy , qui est tout bien , & tout être,
m'a laissé neanmoins le pouvoir de
me reposer dans les biens sensibles,
& particuliers, afin que me servant
de tout ce mouvement pour aller à
luy dans le temps que je pourrois
m'arrêter à d'autres biens ; je puisse
le préferer à ces biens , & l'aimer
par consequent d'un amour de
choix. De sorte que sans supposer
aucune étenduë , il n'est pas difficile
d'expliquer pourquoy Dieu me
donne toutes mes sensations.

VIII.

VIII. MEDITATION.

COmme je n'étens pas beaucoup ma connoiſſance , lors
que je m'applique à conſiderer l'é-
tenduë, parce que je ne puis m'aſ-
ſurer de ſon exiſtance ; je croy que
je feray mieux de refléchir ſur moy-
même , & de me regarder comme
un eſprit pur , & ſans rapport à aucun corps , auſſi bien ne ſçay-je
point encore s'il n'exiſte pas des
êtres pareils au mien , & ſi mon eſprit ne ſera point aneanti quelque
jour.

Je ne connois par aucune idée,
qu'il exiſte des eſprits differens du
mien, parce que je n'ay aucune idée
des eſprits, puis que ſi je voyois en
Dieu l'idée qui répond à ces eſprits,
je connoîtrois en même temps, ou
je pourrois connoître toutes les proprietez dont ils ſont capables. Je ne
connois

connois pas non plus les esprits par
eux-mêmes ; car je ne puis concevoir qu'il y ait quelqu'autre être que
Dieu, qui penetre mon esprit, &
qui se decouvre à luy. Je ne puis
pas aussi connoître par sentiment
interieur, ou par conscience, l'e-
xistance de quelques autres esprits
que le mien, parce qu'il n'y a que
moy que je puisse connoître de cette maniere, & que je ne sens que ce
qui m'appartient. Ce n'est donc
que par conjecture que je puis juger
qu'il existe des esprits hors de moy.
Et ce qui me fait conjecturer qu'ils
existent, c'est qu'il me vient quelquefois des pensées ausquelles ma
volonté n'a point de part, qui sont
accompagnées de certaines sensations que j'appelle sons, dont je ne
suis pas l'occasion, & qui me pa-
roissent avoir un tel rapport, & une
telle liaison avec mes pensées propres, qu'elles y répondent exactement. Il est vray que Dieu peut im-

me-

mediatement & par luy seul entretenir ce commerce de pensées avec
mon esprit. Mais ces pensées sont
telles qu'elles me portent naturellement à croire qu'il y a quelque esprit semblable au mien, qui les a
conçûës, & qui a voulu qu'elles me
fussent communiquées.

Il ne me reste plus maintenant
qu'à examiner, si mon esprit & tous
les autres que je conjecture exister,
sont immortels, c'est à dire s'ils ne
changeront point quelque jour de
forme, ou s'ils ne seront point tout
à fait aneantis. Surquoy je dois prendre garde, que mon esprit n'étant
pas étendu, puis que je puis connoître avec certitude que j'existe, &
que neanmoins je ne remarque
point, qu'il appartienne necessairement à mon essence, ou à ma nature, autre chose que la pensée, il n'y
a en moy ni longueur, ni largeur,
ni profondeur, & par consequent
que je ne suis point composé de parties ;

ties; je ne sçaurois donc jamais changer de forme, car je ne conçois par
le changement de forme, qu'une
séparation de parties, dont un esprit n'est pas capable.

Je ne seray pas non plus aneanti,
car si j'ay d'abord égard aux forces
de la nature, je ne comprens pas
comment il se peut faire naturellement que quelque chose devienne
rien; de même que je ne conçois pas
qu'il soit possible naturellement,
que rien devienne quelque chose.
Car s'il n'y avoit un être infiniment
parfait, & infiniment puissant, qui
par un seul acte de sa volonté crée
toutes choses ; je ne conçois pas
comment ni par quelle force, moy,
& tous les êtres finis qui existent
presentement, pourroient être
aneantis, puisque pour aneantir, il
faut une puissance infinie, aussi bien
que pour créer.

Quand je dis que je ne comprens
pas comment cela se pourroit faire
natu-

naturellement, je ne crois pas que ceux qui mediteront avec moy là-dessus le conçoivent non plus que moy. Car enfin tant de petits changemens qui arrivent dans la nature, ne sont pas des aneantissemens, comme ceux qui ne regardent que superficiellement les choses, le pourroient croire; & il ne faut qu'un peu d'application, pour voir, que le feu qu'on met dans une buche ne fait qu'en diviser les parties, les subtiliser & changer leur figure.

Les êtres par toutes les raisons que je viens d'alleguer, ne pouvant donc être aneantis par les forces de la nature, il faut qu'il n'y ait que Dieu, c'est à dire un être infiniment puissant, qui ait ce pouvoir. Or il n'y a pas d'apparence que Dieu qui est immuable dans ses decrets, crée quelque chose pour l'aneantir, car ne tirant du neant les esprits que pour l'aimer, & les corps que pour manifester sa gloire ; puis qu'il est
toû-

toûjours aimable, & toujours digne
de gloire , pourquoy aneantiroit-il
des êtres qui font capables de l'aimer ? & pourquoy détruiroit-il des
créatures qui doivent fervir éternellement à faire éclater fa grandeur,
& fa puiffance ? & pour les aneantir,
ne faudroit-il pas qu'il fût capable
de changement , puis qu'il faudroit
qu'il pût fe repentir d'avoir créé des
êtres ; ce qui n'eft pas concevable en
Dieu.

IX. MEDITATION.

C Omme j'ay tâché de conduire
autant qu'il m'a été poffible
mes penfées par ordre , & que même fans m'écarter du même chemin , je me fuis fatisfait fur la plûpart des queftions abftraites & Me-
taphyfiques , je crois qu'il me fera
prefentement plus facile de refou-
dre celles qui en dépendent , & que
je

je pourray par exemple découvrir
sans peine, si les bêtes ont une ame.

Mais comme les équivoques sont
souvent cause que je me trompe,
je crois qu'il est à propos d'expliquer le mot d'ame. Par ame, j'entens quelque chose de corporel,
répandu par tout le corps, qui luy
donne le mouvement & la vie, ou
bien, j'entens quelque chose de
spirituel. Il y a donc deux choses
à examiner dans cette question.
La premiere, qui est de sçavoir, si
l'ame des bêtes est seulement quelque chose de corporel, répandu par
tout le corps, qui luy donne le mouvement & la vie, ou bien si l'ame
des bêtes est quelque chose de spirituel, comme je sens qu'est la
mienne.

Je vois d'abord que je ne puis pas
nier aux bêtes quelque chose de
corporel qui soit le principe de leur
vie ou de leurs mouvemens, puis
que je ne le puis pas même nier aux
mon-

monſtres ; mais je ne vois rien dans
les bêtes qui ſoit capable de ſentir
de la douleur, ou du plaiſir , de voir
les couleurs, & d'entendre les ſons.

Par exemple, lorſque je ſuis proche du feu , les parties du bois viennent heurter contre ma main , elles
en ébranlent les fibres , cet ébran-
lement ſe communique juſqu'au
cerveau , il détermine les eſprits
animaux qui y ſont contenus à ſe
répandre dans les parties exterieures
du corps , d'une maniere propre
pour ſe retirer, & en ſuite dans le
cœur , & dans les viſceres, afin de
fournir les eſprits animaux, neceſ-
ſaires pour mettre le corps dans la
diſpoſition où il doit être par rapport à l'objet preſent. Je vois bien
que toutes ces choſes, ou de ſem-
blables ſe peuvent rencontrer dans
les animaux , & qu'elles s'y ren-
contrent en effet, parce que toutes
ces choſes ſont des proprietez des
corps ; mais venant à ſentir que l'é-
branle-

branlement des fibres de mon cerveau est accompagné du sentiment
de chaleur, & que le cours des esprits animaux vers le cœur, & vers
les visceres est suivi de la passion de
haine, ou d'aversion ; Je ne vois rien
qui me pousse à croire que les bêtes
sentent aussi bien que moy cette
chaleur, qu'elles ont aussi bien que
moy de l'aversion pour les choses
qui les incommodent, ni qu'elles
sont capables de toutes les passions
que nous ressentons. Car je vois
clairement que les bêtes ne sentent
pas de la douleur ou du plaisir,
qu'elles n'aiment ou ne haïssent aucune chose, puis que je n'ay encore
jusques ici rien admis que de materiel, & que je ne pense pas que les
sentimens, ni les passions soient des
proprietez de la matiere telle qu'elle puisse être. Car si je rentre dans
moy-même , & que je considere
avec toute l'attention dont je suis
capable, l'idée que j'ay de la matiere,

tiere, comme je ne conçois point
que la matiere figurée d'une telle
maniere, en quarré, en rond, en
ovale, soit de la douleur, du plaisir,
de la chaleur, de la couleur, de l'o-
deur, du son, &c. je ne puis assurer
que l'ame des bêtes qui n'est que
pure matiere soit capable de sentir,
& comme je ne le conçois pas, je
ne le veux pas assurer, puis que je
ne dois assurer que ce que je conçois, ainsi comme je ne conçois pas
que de la matiere agitée de bas en
haut, & de haut en bas, en ligne
circulaire, spirale, parabolique, éli-
ptique, soit un amour, une haine,
une joye, une tristesse, je croy devoir assurer que les bêtes n'ont pas
les mêmes passions que moy, &
avec quelque attention que je considere l'idée que j'ay de la matiere
je ne conçois point qu'un mouvement de matiere puisse être un
amour, une joye, ou un desir, qu'u-
ne trace ou une image que les es-

prit

prits formé dans le cerveau, soit une pensée, & que tous mes raisonnemens ne consistent que dans la differente situation de quelques petits corps, qui s'arrangent diversement dans ma tête.

Mais peut-être que l'ame des bêtes est spirituelle & indivisible comme la mienne. Les chiens ne connoissent-ils pas leurs Maîtres, ils leurs donnent des marques d'amitié, ils souffrent avec patience les coups qu'ils en reçoivent, parce qu'ils jugent qu'il leur est avantageux de ne les point abandonner, au lieu qu'ils ne peuvent seulement pas souffrir les caresses des étrangers, les chats qui sont des animaux si indociles, s'accoûtument à vivre avec leurs maîtres & payent de caresses ceux qui en prennent soin, les oiseaux qui font leurs nids avec tant d'adresse à l'extremité des branches, marquent assez qu'ils apprehendent, que certains animaux

ne

ne les devorent, il n'y a pas jufques aux araignées, & aux plus
vils infectes, qui ne donnent des
marques qu'il y a quelque intelligence qui les anime, car on ne peut
s'empêcher d'admirer la conduite
d'un animal, qui tout aveugle qu'il
eft, trouve moyen d'en furprendre
d'autres, qui ont des aîles, & def-
quels les plus gros ne peuvent fe
défendre.

Aprés toutes ces preuves con-
vainquantes, je ne puis pas nier
que tous les mouvemens des bêtes,
marquent qu'il y a une intelligence;
car tout ce qui eft reglé le marque,
une montre même le marque, il eft
impoffible que le hazard en com-
pofe les rouës, & il faut que ce foit
une intelligence qui en ait reglé les
mouvemens. Les plantes mêmes
marquent auffi intelligence, elles
fe noüent de diftances en diftances
pour fe fortifier, elles couvrent
leur graine de piquans, & d'une

peau

peau pour la conserver ; enfin tout
ce qui arrive aux plantes & aux
bêtes marque certainement une intelligence.

Mais il faut encore ôter l'équivo-
que , les mouvemens de la matiere
marquent une intelligence , mais
une intelligence qui est distinguée
de la matiere , & des bêtes, comme
celle qui arrange les roües d'une
montre , est distinguée de la montre , car enfin cette intelligence paroît infiniment sage , infiniment
adroite , infiniment puissante , la
même qui a formé mon corps dans
le sein de ma mere , & qui me donne l'accroissement auquel quelque
effort que je fasse je ne puis rien
ajoûter.

Ainsi dans les chiens, les chats
& les autres animaux , il n'y a ni
intelligence ni ame, comme on
l'entend ordinairement , ils man-
gent sans plaisir, ils crient sans douleur, ils croissent sans le sçavoir,

                ils

ils ne defirent rien , ils ne connoif-
fent rien , & s'ils agiffent avec adref-
fe , & d'une maniere qui marque
intelligence , c'eft que Dieu les
faifant pour les conferver , il a con-
formé leurs corps de telle maniere , qu'ils évitent machinallement
fans le fçavoir tout ce qui eft capable de les détruire , & qu'ils fem-
blent craindre , autrement il faudroit dire qu'il y a plus d'intelligence dans le plus petit des animaux ,
ou même dans une feule plante, que
dans le plus fpirituel des hommes,
car il eft conftant qu'il y a plus de
differentes parties , & qu'il s'y produit plus de mouvemens reglez que
je ne fuis capable d'en connoître,
& je ne dois pas être furpris de voir
que Dieu fait agir ces machines d'u-
ne maniere fi reglée , puifque je
fuis convaincu qu'il fait en moy des
chofes bien plus furprenantes, mais
ce qui fait que j'ay eu tant de peine
à me perfuader que les bêtes ne font
que

que de pures machines, vient de ce
que j'avois toûjours crû que mon
ame produit dans mon corps tous
les mouvemens & tous les changemens qui luy arrivent. J'avois faus-
sement attaché au mot d'ame l'idée
de productrice & de conservatrice
du corps, m'imaginant que mon
ame produisoit en moi tout ce qui
est absolument necessaire à la conservation de ma vie. Ainsi j'avois
jugé qu'il étoit absolument necessaire, qu'il y eût dans les bêtes une
ame pour y produire tous les mouvemens, & tous les changemens
qui leur arrivent, lesquels sont assez semblables à ceux que Dieu
fait dans nôtre corps, parce que
nous sommes entierement semblables à elles par le corps, mais
depuis que j'ay reconnu que
l'ame n'avoit d'elle-même aucune action, aucun pouvoir, aucun mouvement, & qu'elle ne
sçait seulement pas comment est

O 3

fait

fait le corps, auquel elle est unie,
ni comment se fait en luy le moindre de ses mouvemens; J'ay vû
clairement qu'il étoit inutile & ridicule de donner aux bêtes une
ame pour expliquer tous les mouvemens que nous remarquons dans
ces machines, puisque quand bien
même des substances spirituelles &
pensantes seroient unies à ces machines, il faudroit toûjours recou-
rir à Dieu, pour expliquer tous
leurs mouvemens.

Pourquoy donc attacher à ces petits corps des ames spirituelles, im-
materielles, capables de l'amour de
Dieu, nées pour être éternellement
heureuses ou malheureuses, &
quelle raison ai-je de croire qu'elles
existent? Je ne puis affirmer qu'il y
a quelque substance pensante dans
le monde, que parce que je suis seur
que je pense, je ne connois par aucune idée qu'il existe des esprits differens du mien, puisque je n'ay aucune

cune idée des esprits, & que si je
voyois en Dieu l'idée qui répond à
ces esprits, je connoîtrois toutes les
proprietez dont ils sont capables. Je
ne connois pas non plus les esprits
par eux-mêmes ; car je ne puis concevoir qu'il y ait quelqu'autre être
que Dieu qui penetre mon esprit,
& qui se découvre à luy, je ne puis
pas non plus connoître par sentiment intérieur, ou par conscience, l'existance de quelques autres
esprits que le mien ; parce qu'il n'y
a que moy que je puisse connoître
de cette maniere, & que je ne sens
que ce qui m'appartient. Ce n'est
donc que par conjecture que je
puis juger qu'il existe des esprits
hors de moy, & ce qui me le fait
conjecturer, c'est qu'il me vient
quelquefois des pensées ausquelles
ma volonté n'a point de part, qui
sont accompagnées de certaines
sensations, que j'appelle sons, dont
je ne suis point l'occasion, & qui

me paroiſſent avoir un tel rapport,
& une telle liaiſon avec mes penſées
propres qu'elles y répondent exa-
ctement, & ces penſées ſont telles,
qu'elles me portent naturellement
à croire qu'il y a quelque eſprit
ſemblable au mien, qui les a conçûës, & qui a voulu qu'elles me fuſ-
ſent communiquées, mais ſi je rentre en moy-même, & que je con-
ſulte mon interieur, pour voir ſi les
bêtes penſent, je vois évidemment
que je n'ay point avec elles de liaiſon de penſées ni de longue ſuite
de raiſonnemens, puiſque je n'apperçois en elles que certains ſignes
exterieurs qui me ſemblent venir
de Dieu pour la conſervation de
ces machines, & qu'ainſi rien ne
me pouſſe invinciblement à juger
que ce ſont des êtres penſans, &
que je puis fort bien concevoir
que Dieu peut mouvoir les bêtes
de toutes les manieres dont elles
me paroiſſent être mûës, ſans qu'il
ſoit

foit befoin qu'il uniffe ces machines
à des êtres fpirituels & penfans,
puifque moy qui fuis uni à un
corps , je ne fçai feulement pas
comment eft fait ce corps , ni comment Dieu produit en moy le plus
petit de ces mouvemens.

X. MEDITATION.

PLus je medite en refléchif-
fant fur moy-même , & plus
je me convains que je fuis dans
une entiere & abfoluë dépen-
dance de Dieu ; & il fuit fi
évidemment des Meditations precedentes , que je n'ay de moy-
même , ni action ni mouvement , qu'il ne m'eft pas pof-
ble d'en douter ; car je n'ay
d'impulfion ni de mouvement
vers aucun objet foit géneral ou
particulier que celuy qui me
vient de Dieu, je ne puis con-
O 5

noî-

noître aucun objet si Dieu ne
me le fait connoître, toutes les
pensées que j'ay presentement que
je medite, & generalement toutes celles qui me tombent dans
l'esprit, me viennent directement
de Dieu, je ne comprens d'i-
dées que celles qu'il presente à
mon esprit, & qu'il me fait
comprendre : Et comme je l'ay
déja prouvé ailleurs, si je me
donnois à moy-même mes pensées, & mes idées, je ne m'en
donnerois que d'agreables, puisque je ne suis porté que vers ce
qui me peut rendre heureux, je
ne conçois pas non plus, que quelqu'autre être que Dieu puisse être la
cause efficiente & totale, c'est à
dire la source, & l'origine de mes
pensées, & de mes idées, puisque si
cela étoit, il se pourroit faire, que
quelqu'autre être que luy seul peut
être mon bien & ma felicité, ce qui
n'est pas concevable ; ajoûtez à
cela

cela que ce qui m'est representé
par mes idées , n'est rien autre chose que la substance de Dieu même,
comme je l'ay prouvé ailleurs. Il
faut donc necessairement que toutes mes idées & mes pensées me
viennent directement de luy , &
qu'il en soit le seul Auteur. Ainsi puisque je ne puis agir de moy-
même, c'est à dire que je ne puis
former de moy-même aucune pensée déterminée , ni me representer
à moy - même l'idée d'aucun être
déterminé , ni la comprendre , ni
par conséquent avoir d'impulsion
vers quelque objet si Dieu ne fait
toutes ces choses en moy ; ne suis-
je pas de moy-même sans action &
sans mouvement , & ne puis-je pas
me comparer à un bloc de marbre
disposé à recevoir toutes les differentes figures que le Sculpteur luy
voudra donner, & qui est incapa-
ble de soy-même de s'en donner
aucune?

O 6　　Mais

Mais quoy que cela me paroisse clair & évident , il m'a toûjours semblé que j'étois libre , & c'est une opinion que j'ay conservée depuis mon enfance , c'est à dire que j'ay toûjours crû que j'avois le pouvoir de vouloir certaines choses , ou de ne les pas vouloir , de les faire , ou de ne les pas faire , ou du moins je croyois n'être pas invinciblement porté à les faire ou à ne les faire pas , & j'ay si souvent entendu agiter cette question , que je ne crois pas pouvoir trouver un sujet plus digne d'être medité.

Ma volonté , comme je l'ay déja défini est une impression , ou un mouvement que Dieu a mis en moy , par lequel il me pousse vers luy-même comme étant tout bien , & tout être , or il est évident que je dois necessairement suivre cette impression , puis qu'elle me vient de Dieu , & qu'il n'est pas concevable que moy qui n'ay seulement pas

pas la force d'agir de moy-même, puisse avoir celle de resister aux impressions qui me viennent de luy : Il ne me reste donc plus qu'à sçavoir si je suis porté de même à aimer les biens particuliers.

Dieu me donne une impression, & un mouvement pour aller vers luy, comme étant tout bien, & tout être, & c'est ce que j'appelle volonté, en suite il me donne l'idée des biens particuliers, & par la même impression dont il me pousse vers le bien en general, il me pousse aussi vers le bien particulier. Jusques ici je n'ay rien admis qui ne vint de Dieu. Or il faudroit pour être libre, au sens qu'on entend ce mot dans l'Ecole ; c'est à dire, d'un choix fait avec indifference, que je pûsse ne pas suivre l'impression que Dieu m'a donné, & me donne sans cesse, & que j'eusse la force de m'arrêter de moy-même, à un certain bien particulier, plûtôt qu'à

un autre. Mais d'où aurois-je tiré
cette force, puis que de moy-même
je n'ay ni action ni mouvement, &
que je ne suis simplement qu'un sujet disposé à recevoir toutes les impressions de l'Auteur de la Nature.
Cependant il faut de l'action , &
de la force pour arrêter en moy le
cours de l'impression que Dieu me
donne, & pour considerer un bien
particulier. Il faut de la force pour
me déterminer à un certain bien
particulier plûtôt qu'à un autre ;
mais comment cela se pourroit-il
faire , je n'ay de moy - même ni
action, ni mouvement, je ne puis
seulement pas de moy-même connoître ce bien particulier , ni de
moy-même en avoir l'idée, je ne
puis de moy-même y penser, l'impulsion que j'ay en moy vers luy
me vient de Dieu , puis que tout ce
qui est en moy me vient directement de Dieu.

Ainsi comment pourrois-je m'arrêter

rêter à considerer les biens particuliers, si Dieu ne m'y pousse, & s'il
n'a été decreté de Dieu, puis que
je ne puis aller contre sa volonté
qui fait l'ordre ? D'où aurois-je tiré
la force de preferer certains biens
particuliers à d'autres, & comment
concevoir que la force de la volonté humaine fût plus grande que celle de la divine, & qu'elle pût détourner la moindre de ses impressions, puis que pour détourner une
détermination, il faut empêcher sa
durée & sa conservation ? Or c'est
une operation divine, que celle de
changer l'état d'une chose, d'en
donner une autre à la place, & de
la conserver.

Cependant, parce que je sens in-
térieurement en moy-même, que je
suis delivré de toutes sortes d'em-
pêchemens, à ce que je veux faire,
ou à ce que je desire, c'est à dire,
que parce que je sens bien que je ne
fais que ce que je veux, je suis contraint

traint d'avoüer que je suis libre , ou
ce qui est la même chose que Dieu
ne me pousse invinciblement que
vers les biens qui m'a fait desirer. C'est à dire, que je sens interieurement en moy-même que
Dieu ne me fait point aimer de bien
particulier, qu'il ne m'ait en même
temps poussé vers ce bien particulier, ou ce qui est la même chose,
qu'il ne m'ait fait vouloir aimer ce
bien particulier, ainsi je ne dois pas
être surpris si je sens interieurement
que je ne suis contraint & empêché
dans aucune de mes actions, puis
que Dieu accorde toûjours ma volonté avec mes actions, & avec sa
volonté, & qu'il me fait toûjours
vouloir tout ce qu'il me fait faire.

Enfin, l'impression que Dieu
me donne vers tout bien, & tout
être, laquelle impression fait ma
volonté, sert à me faire connoître,
que je ne suis pas invinciblement
porté vers les biens particuliers,
car,

car, par exemple, si Dieu me donne l'idée du bien A, & l'idée du
bien B, si dans le bien A, il y a
quatre degrez de perfections, &
que dans le bien B, il n'y en ait que
deux, il est indubitable que Dieu
me poussera infailliblement vers le
bien A, plûtôt que vers le bien B,
parce que le bien A, approche plus
du bien en general, de tout bien &
de tout être, que le bien B, puis
qu'il y a plus de degrez de perfection dans l'un que dans l'autre,
quoy que cependant je ne sois invinciblement porté vers l'un ni vers
l'autre, puis que l'un ni l'autre,
n'est tout bien, & tout être, & que
l'impression que Dieu m'a donné
ne me pousse invinciblement que
vers ce qui est tout bien & tout être,
mais si Dieu vient à me donner l'i-
dée de deux biens égaux, comme
je ne suis invinciblement porté vers
l'un ni vers l'autre, puis que ni l'un
ni l'autre n'est tout bien, & tout
être,

être , je sens interieurement en moy - même , qu'en consequence de l'impression que j'ay pour aller vers tout bien , & tout être , Dieu me pourra faire hesiter dans le choix de l'un ou de l'autre , sans me porter invinciblement vers l'un , ni vers l'autre ; ainsi je sens bien que Dieu me laissera le pouvoir de choisir , & de faire usage de ma liberté , & que par l'impression , le mouvement , & l'action qu'il me donne vers tout bien & tout être , j'auray assez d'action pour choisir l'un ou l'autre de ces biens particu-liers.

Cependant tout ce que je viens d'avancer n'est pas sans quelque difficulté , car enfin , comment pourrois-je m'arrêter à un bien par-ticulier , moy qui ay du mouve-ment pour aller vers tout bien , & tout être ; comment ne pas suivre tout ce mouvement , & puis-je m'arrêter à un bien particulier dans

le

le temps que Dieu me pousse vers
tout bien , & tout être. Mais ne
sens-je pas interieurement en moy-
même , que dans le temps que je
m'arrête ainsi à un bien particulier,
j'ay du mouvement pour aller plus
loin , & que je ne suis pas invinciblement poussé vers ce bien particulier , puis que ce bien particulier
n'est pas tout bien & tout être , &
que je ne suis invinciblement poussé
que vers tout bien , & tout être.

Enfin , j'ay de la peine à comprendre comment moy qui suis sans
action , & sans mouvement , je puis
m'arrêter à un bien particulier, mais
il suffit que je sente en moy-même ,
que j'ay ce pouvoir pour en être
convaincu.

Cependant , quand Dieu me
donne l'idée de deux biens particuliers , comme je ne suis invinciblement poussé vers l'un ni vers l'autre , je suis fort porté à croire que
je ne puis choisir ni l'un ni l'autre,

parce

parce que de moy-même je ne puis
rien, mais que je dois toûjours suivre le mouvement & l'impreſſion
que Dieu me donne pour aller vers
tout bien, & tout être, laquelle
impreſſion eſt invincible, car la même raiſon me perſuade encore que
je ne puis agir que lorsque je ſuis
invinciblement pouſſé vers quelque
bien particulier, & que ſi je n'é-
tois invinciblement vers quelque
bien particulier, je n'en choiſirois
jamais aucun, parce qu'étant de
moy - même ſans action, & ſans
mouvement, je ne puis rien de
moy-même, mais n'en dois-je pas
croire le ſentiment interieur, lequel eſt plus fort que tous les plus
ſolides raiſonnemens du monde,
& ſuffit pour me convaincre que je
puis heſiter dans le choix des biens
particuliers, car nous n'avons point
de plus fortes preuves, que celles
qui nous viennent par le ſentiment
interieur. Ainſi comme de ce que
je

je sens en moy du froid , & du
chaud, du rouge , & du verd , je
ne puis pas nier que c'est moy qui
suis froid & chaud , rouge & verd ,
je conclus fort bien que c'est moy,
c'est à dire , mon ame , qui est froi-
de & chaude , rouge & verte , quelque peine que j'aye eu à m'en convaincre , de même , de ce que je
sens en moy , que je puis hesiter
dans le choix des biens particuliers
quand ils sont égaux , je conclus
fort bien que je suis libre , quelque
raison que j'aye de me persuader le
contraire.

F I N.

TA-

TABLE.

Pieces contenuës en ce Recueil.

Me-

TABLE.

FIN.